エステサロンのための法的知識・トラブル対応Q&A

[共著]

弁護士法人丸の内ソレイユ法律事務所

弁護士 阿部 栄一郎 ｜ 弁護士 福永 敬亮

弁護士 古谷 祐介 ｜ 弁護士 柳澤 里衣

弁護士 小池 章太 ｜ 弁護士 梶ヶ谷 静

JN241432

日本法令

はじめに

　近年のエステティック業界は、市場規模が縮小または横ばいとなっており、市場は飽和状態となっているといわれています。そして、大手脱毛サロンの倒産に象徴されるように、市場環境は厳しいものとなっています。しかしながら、従来のエステサロンとは異なるセルフエステの店舗数が増加していたり、男性向けのひげ脱毛の市場規模が拡大していたりするなど、経営の方法によって売上を伸ばすこともできる業界といえます。

　他方で、売れ筋の商品であったHIFUについて厚生労働省が医師以外の者が使用した場合に医師法違反となる旨の通達を出しています。また、エステに関するトラブルは独立行政法人国民生活センターにおけるトラブル相談数の上位に挙げられており、そのトラブルの内容は法律が関連する事項であるといった実態もあります。

　エステサロンのサービスの中心が施術であることはいうまでもありません。ただ、施術や手技のみに集中し過ぎると、トラブルを未然に防ぐことやトラブルが発生したときの対応が不十分となってしまう可能性があります。エステサロンの経営者としては、厚生労働省を始めとした官庁の規制の動向を注視し、特定商取引法、景品表示法、薬機法、医師法などの最低限の法的知識を身に着けていなければ、市場で生き残ることが難しい状況になったともいえます。

1　エステとは何か（本書の対象）

　そもそも、エステとは何でしょうか。本書が対象としているエステについて少し触れてみようと思います。エステといっても、複数定義があり、まずは、それらを紹介します。

⑴ 特定商取引法におけるエステ

　特定商取引法におけるエステは、「人の皮膚を清潔にし若しくは美化し、体型を整え、又は体重を減ずるための施術を行うこと」とされています。この定義には、一般的な施術を行っているエステサロンのほか、ネイルサロンが当てはまります。それに対し、施術を伴わないセルフエステは定義から外れることになります（特定商取引法の適用がないことになります）。

⑵ 総務省の分類におけるエステ

　総務省が日本標準産業分類で定義しているエステティック業は、「手技又は化粧品・機器等を用いて、人の皮膚を美化し、体型を整えるなどの指導又は施術を行う事業所をいう」とされています。

　この定義に当てはまるのは、美顔術業、美容脱毛業、ボディケア・ハンドケア・フットケア・アロマオイルトリートメント・ヘッドセラピー・タラソテラピー（皮膚を美化して体型を整えるもの）といった業種です。それに対し、フィットネスクラブ、理容業、美容業、マニキュア業、ペディキュア業、ネイルサロンは当てはまりません。

⑶ 日本エステティック振興協議会におけるエステ

　一般社団法人日本エステティック振興協議会「エステティック統一自主基準」におけるエステは、「一人ひとりの異なる肌、身体、心の特徴や状態を踏まえながら、手技、化粧品、栄養補助食品および機器、用具、等を用いて、人の心に満足と心地よさと安らぎを与えるとともに、肌や身体を健康的で美しい状態に保持、保護する行為」とされています。

　この定義は、エステを比較的広めに捉えたものではありますが、一般人の理解に近いものということができます。上記の特定商取引法や総務省の分類と比較すると、手段に栄養補助食品を入れたり、対象を皮膚や体型のみならず、心まで含めたりするという点に特徴があるよ

うに思われます。

エステに関する協会は、一般社団法人日本エステテック協会、一般社団法人日本エステティック業協会、一般社団法人日本エステティック振興協議会などありますが、定義を出しているのは、一般社団法人エステティック振興協議会だけです。その他の2つの法人は、総務省の分類を挙げたり、一般社団法人エステティック振興協議会の定義を挙げたりしています。比較的広い定義なので、今回、記載しました。

(4) 本書の対象

本書が対象としているのは、基本的には、広くエステに関わる人たち、つまりは上記(3)のエステに関わる人たちです。ただ、ご自身が行う事業や商品・サービスに特定商取引法の適用があるか否かを考えるにあたっては、特定商取引法のエステの定義は意識しておいたほうがよいでしょう。

また、特定商取引法の特定継続的役務として、美容医療が挙げられています。美容医療は、特定商取引法上、「人の皮膚を清潔にし若しくは美化し、体型を整え、体重を減じ、又は歯牙を漂白するための医学的処置、手術及びその他の治療を行うこと（美容を目的とするものであって、主務省令で定める方法によるものに限る）」とされています。

実際のところ、エステティックと美容医療の境界は曖昧な感じもありますが、エステで美容医療はできませんので、エステと美容医療の境界も意識しておいたほうがよいでしょう。

2 厚生労働省の通達等の重要性（HIFUの規制）

少し前まで、エステサロンではHIFUによる施術に人気がありました。HIFUは、Hi Intensity Focused Ultrasoundの略で、高密度焦点式超音波のことです。肌を傷つけずに、超音波を一点に集中させて照射し、皮膚を引き締めることによって、たるみの改善やリフトアップ

等の効果をもたらすものです。

効果がある反面、エステサロンでのトラブル（神経を傷付けた、火傷等の皮膚トラブル）も多く報告されていました。

そのため、厚生労働省は、令和5年3月31日に、医療機器として規制されるべきHIFU機器が規制を受けずに流通することを防ぐために、監視指導を徹底する旨の通達を出しました。さらに、令和6年6月7日には、HIFU機器による施術について、「医師が行うのでなければ保健衛生上危害を生ずるおそれのある行為であり、医師免許を有しない者が業として行えば医師法第17条に違反する」という内容の通達を出しています。

厚生労働省を始めとした官公庁の通達は、エステサロンのサービスや商品を奪いかねない大きな効力を有しています。エステサロンの経営者としては、厚生労働省等の動向も確認しながらエステサロンを経営すべきでしょう。

3 法律の重要性（トラブルは法律に関連するものも多く、対応には法的知識が必要）

独立行政法人国民生活センターに寄せられるトラブル相談の中で、エステに関する相談数は上位に位置しています。令和6年5月28日に独立行政法人国民生活センターが公表した『18歳・19歳の消費生活相談の状況—2023年度—』によると、脱毛エステに関するトラブルが1位となっています。なお、2022年度も同様に脱毛エステが1位となっています。

また、一般社団法人日本エステティック業協会が公表している2023年度年間相談報告書によると、エステに関するトラブルの1位は「契約・解約」に関するものとなっています。そして、「契約・解約」の項目の中でも、中途解約に関する内容、契約期限切れに関する内容、クーリング・オフに関する内容の順に相談数が多くなっています。

これらの相談は、主に特定商取引法の知識や同法に基づく対応に不

十分な箇所があったことなどが原因で発生したものと考えられます。エステサロンの経営者としては、トラブルを未然に防ぐ、また、トラブル対応のために、特定商取引法を始めとした法律（景品表示法、薬機法等)に関する最低限の知識を身に着けておかなければなりません。

4　まとめ

　本書は、エステサロンに関わる多くの人を対象とした書籍です。そして、厚生労働省の通達や特定商取引法、景品表示法、薬機法、医師法などの法律知識の重要性を伝えるとともに実務的な対応なども記載しています。形式は、Ｑ＆Ａの形で、比較的わかりやすく、最低限の法的知識を確認できるようにしていますので、エステ経営の一助としてもらえれば幸甚です。

　令和７年２月
執筆者代表　弁護士　阿部　栄一郎

CONTENTS

第1章　サービスの提供に関するQ&A

第2章　宣伝広告に関するQ&A

付　録

凡　例

本書においては、次の略語を用いています。

・医薬品、医療機器等の品質、有効性及び安全性の
　確保等に関する法律　　　　　　　　　　　　　　薬機法

・個人情報の保護に関する法律　　　　　　　　個人情報保護法

・私的独占の禁止及び公正取引の確保に関する法律　独占禁止法

・特定商取引に関する法律　　　　　　　　　　　特定商取引法

・不当景品類及び不当表示防止法　　　　　　　　景品表示法

第 1 章
サービスの提供に関する Q ＆ A

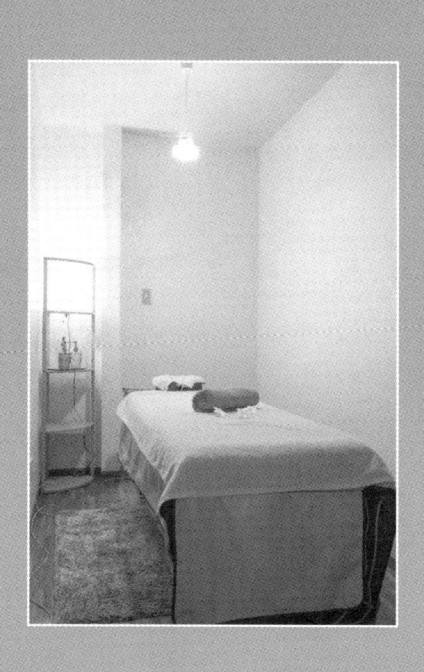

Q1　契約書／記載内容

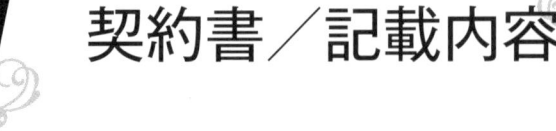

> お客様から、契約書を交わすべきなのにされていないと言われ、返金を求められたので、やむなく返金をしました。
> エステサロンでは、お客様と契約する際、契約書を交わさなければならないのでしょうか？　その場合、どのような内容が必要ですか？

≫Answer　契約期間が1か月を超え、かつ、契約金額が5万円（税込）を超える場合には、特定商取引法上、「概要書面」と「契約書面」をお客様に渡すことが義務付けられています。

ただし、契約期間が1か月以下の場合や契約金額が5万円以下であった場合でも、トラブルを避けるために、契約書を交わしたほうがよいと考えられます。

知　識　契約に必ずしも契約書は必要ないことが原則

民法では、一部の契約類型を除き、契約の成立に契約書を要求していません。あくまで、口頭のやり取りでも契約が成立します。例えば、AさんがBさんに、「10分間、肩を揉んでくれたら、1,000円あげる」と言って、Bさんが「いいよ」と言えば、その時点で契約は成立します。

エステサロンでの契約でも、民法の原則からいえば、口頭でも契約は成立することになりそうです。実際、後記の特定商取引法の規制が

及ばない契約では、法律上、口頭の契約でも契約は成立します。

　しかしながら、トラブルが起きた場合はどうでしょうか。上記の例で、Bさんが10分間、Aさんの肩を揉んだ後に、1,000円を請求したところ、Aさんが支払いを拒否した場合を想定してみてください。言った言わないの話になり、Bさんは、1,000円をもらえないかもしれません。また、逆に、Aさんが、先に1,000円を支払ったにもかかわらず、Bさんが肩を揉まずに帰ってしまった場合はどうでしょうか。この場合も、言った言わないの話になり、Aさんは、肩を揉んでもらえないかもしれません。

　契約書があると、契約の内容が明確となり、トラブルの発生を減らすことができるといえます。そういった意味では、契約書の作成義務がない契約であったとしても、契約内容を明確にするために、契約書を交わすことが重要であるといえます。

知　識　特定商取引法で概要書面と契約書面の交付が要求される

　特定商取引法では、エステティックにおけるサービス（役務）は、特定継続的役務提供契約という内容で規制されています。まずは、エステサロンにおける特定継続的役務提供契約とはどのようなものかを説明し、その後、要求されている概要書面と契約書面についての説明をします。

知　識　エステサロンにおける特定継続的役務提供契約とは？

　特定商取引法が対象としている特定継続的役務提供契約とは、次の①と②を満たしたものです。

① 　対象とする行為

　　人の皮膚を清潔にしもしくは美化し、体型を整え、または体重を減ずるための施術を行うこと

② 対象とする期間や契約金額

　契約期間が1か月を超え、かつ、契約金額が5万円を超える場合

　上記①に、化粧品やエステ機器を使用したスキンケア、痩身を目的としたハンドマッサージ、ネイルケアなどは該当するので、エステサロンが実施している施術の多くは、特定商取引法の対象となるといえます。

　上記②は、エステサロンにおける施術を目的とした契約を締結する際に、その契約期間が1か月を超え、かつ、契約金額が5万円を超える場合が該当することになります。

　上記①と②双方の要件を満たした場合、特定商取引法の適用があります。

対応方法　お客様に書面を交付した事実が残せるかたちで

　特定商取引法の適用があると、エステサロン側としては、お客様に対し、概要書面と契約書面を渡さなければなりません。法律上は、お客様に渡すことしか要求されていませんが、それではエステサロン側に書面が残りません。ですので、エステサロン側にもきちんと書面が残る方法で（書面を受領したことがわかるように、お客様の署名や押印をもらうなど）、概要書面と契約書面を渡すことが重要です。

知　識　概要書面と契約書面の記載事項

　概要書面は、契約を締結する前に、エステサロンからお客様に渡す必要があります。契約書面は、契約締結後、遅滞なく、エステサロンからお客様に渡す必要があります。

　概要書面と契約書面に記載すべき事項は、次の通りです。

概要書面	契約書面
1　事業者の氏名（名称）、住所、電話番号、法人にあっては代表者の氏名	1　役務（権利）の内容、購入が必要な商品がある場合にはその商品名
2　役務の内容	2　役務の対価（権利の販売価格）
3　購入が必要な商品がある場合にはその商品名、種類、数量	3　その他の支払わなければならない金銭の額
4　役務の対価（権利の販売価格）その他の支払わなければならない金銭の概算額	4　上記の金銭の支払時期、方法
5　上記の金銭の支払時期、方法	5　役務の提供期間
6　役務の提供期間	6　クーリング・オフに関する事項
7　クーリング・オフに関する事項	7　事業者の氏名（名称）、住所、電話番号、法人にあっては代表者の氏名
8　中途解約に関する事項	8　契約の締結を担当した者の氏名
9　割賦販売法に基づく抗弁権の接続に関する事項	9　契約の締結の年月日
10　前受金の保全に関する事項	10　購入が必要な商品がある場合には、その種類、数量
11　特約があるときには、その内容	11　割賦販売法に基づく抗弁権の接続に関する事項
	12　前受金の保全措置の有無、その内容
	13　購入が必要な商品がある場合には、その商品を販売する業者の氏名（名称）、住所、電話番号、法人にあっては代表者の氏名
	14　特約があるときには、その内容

※波線は概要書面と契約書面とで記載が異なる部分

　概要書面と契約書面は、内容が重複しているものがあるので、それぞれに記載すべき内容を１つの書面にまとめてお客様に渡せばよいと思われるかもしれませんが、それは間違いです。あくまで、概要書面は「契約を締結する前に」渡すもので、契約書面は「契約締結後、遅滞なく」渡すものです。渡すタイミングが異なりますので、２通をそれぞれ渡す必要があります。

　次ページに、ひな形を掲載しますので、参考にしてください。

対応方法　書類の重要部分は赤枠・赤字で強調

　お客様に渡す概要書面、契約書面には、書面の内容を十分に読むべき旨を赤枠の中に赤字で記載しなければなりません（特定商取引法施行規則）。また、契約書面におけるクーリング・オフの事項についても、赤枠の中に赤字で記載しなければなりません。さらに、概要書面、契約書面の文字および数字の大きさは８ポイント以上であることが必要です。

ま と め

　エステサロンにおける契約期間が１か月を超え、かつ、契約金額が５万円を超える場合には、特定商取引法上、概要書面と契約書面を渡すことが義務付けられているので、契約書等を交わす必要があります。

　それ以外の契約については、法律上、契約書を交わすことまでは義務付けられていませんが、契約内容を明確にし、トラブルを避けるためにも、契約書を交わすのがよいと考えられます。

【書式1　エステティックサービス概要書面】

（著者注）各ページの冒頭に よくお読みください と赤枠に赤文字で大きく目立つように記載してください。

よくお読みください

エステティックサービス概要書面

> 書面をよく読むべきことを赤枠に赤字で記載しなければなりません。
> また、書面の文字および数字の大きさは8ポイント以上である必要があります。

　この書面は、特定商取引法に定める特定継続的役務提供契約の概要について記載した書面であり、エステティックサービス契約に先立ってお客様にお渡しする書面です。この概要書面をよく確認してからエステティックサービス契約を締結するようにしてください。

【記入日　〇年　〇月　〇日】

お客様氏名	ソレイユ　陽子
生年月日	2000年〇月〇日
住　　所	東京都千代田区…
電話番号	03-0000-0000
E-mail	〇〇@〇〇.co.jp

> 役務の内容、役務の対価、その他支払わなければならない金銭の概算額の記載が必要となります。

【1】役務の内容および概算額

入会日			入会金	備　考
2025年　2月　1日			無料　円（税込）	入会金無料キャンペーン

希望するエステコース	時間（分）	単価	回数	総時間	金額（税込）	備考
ソレイユ特別コース	90分	22,000円	6回	540分	132,000円	1か月に1回の施術

※時間や単価等については、当サロンのパンフレット等もよくご確認ください。

よくお読みください

※法令の改正による消費税率の変動に起因して金額が変わることがあります。その場合には、消費税が変動した差額をお支払いいただく場合があります。

※お客様の都合によりキャンセルした場合、当サロン所定のキャンセル料をいただきます。

> 役務の提供期間を記載する必要があります。

(役務の提供期間　2025 年　2 月　1 日〜　2025 年　8 月　31 日)

> 関連商品の購入が必要な場合の商品名、種類、数量の記載が必要となります。

【2】購入が必要な商品（関連商品）、種類、数量、金額

商品名	種類	単価	数量	金額
ソレイユオイル	マッサージオイル	5,500円	1個	5,500円

【3】支払方法および支払時期等

> 金銭の支払時期、支払方法を記載する必要があります。

お支払方法		お支払時期	金額（分割払手数料含む）
現金持参　デビットカード		年　　月　　日	円
預金振込　クレジットカード		年　　月　　日	円
その他（　　　　　　　）			
クレジットカード 支払回数　　　　2 回		クレジット会社名 ソレイユ クレジット(株)	初回・最終回　97,000円
ショッピングクレジット 支払回数　　　　回		年　　月より 日（毎月）引落	通常回　　　　　円

※割賦販売法に基づく抗弁権の接続が適用されます。また、各クレジット会社の規定等も確認をしてください。

> 割賦販売法に基づく抗弁権の接続に関する事項を記載する必要があります。

【4】クーリング・オフに関する事項

> クーリング・オフに関する事項を記載する必要があります。

（1）　当サロンとお客様がエステティックサービス契約を締結する際に当サロンから契約書面をお渡しします。その契約書面を受け取った日を含めて8日以内であれば、お客様は、当サロンとの契約を解除

よくお読みください

することができます。これをクーリング・オフといいます。

（2）（1）において、クーリング・オフをするためには、書面または電磁的記録（E-mailやFAX等）により行わなければなりません。クーリング・オフの解除の効果は、クーリング・オフを記した書面または電磁的記録を発信した時点で発生します。

（3）お客様からクーリング・オフがなされた場合、当サロンがお客様から金銭を受領していた場合には、全額返金いたします。関連商品を引き渡している場合には、当サロンの費用でお引き取りいたします。

（4）クーリング・オフに関しては、お客様は、役務の対価や違約金等を支払う必要はありません。ただし、関連商品のうち、健康食品、栄養補助剤、化粧品、石鹸、浴用剤等の消耗品については、開封したり、その全部または一部を使用または消費したりしたときは、当該関連商品に限ってクーリング・オフをすることができません（当該関連商品の費用はお客様にご負担いただきます）。

（5）契約書面に不備等がある場合には、不備のない契約書面を受け取った日を含めて8日以内であれば、クーリング・オフをすることができます。

　また、当サロンがお客様に不実のことを告げ、または、威迫したことによってクーリング・オフが妨害された場合には、当サロンからお客様に対して改めてクーリング・オフができる旨を記載した書面をお渡しし、説明をいたします。お客様は、当サロンから説明を受けた日を含めて8日以内であれば、クーリング・オフをすることができます。

【5】中途解約に関する事項 ●------ 中途解約に関する事項を記載する必要があります。

（1）クーリング・オフの期間経過後も、お客様は、当サロンとの間の契約を中途解約することができます。

（2）中途解約の場合には、次の料金をお支払いいただきます。

　　ア　役務提供開始前　　　　　　　　　　円（上限は2万円）

　　イ　役務提供後

よくお読みください

　　①既に提供された役務の対価（算出される1回当たりの役務料
　　　×サービスを受けた回数）

　　②関連商品

　　ⅰ 健康食品、栄養補助剤、化粧品、石鹸、浴用剤等の消耗品
　　　開封または使用した物は全額

　　ⅱ 上記ⅰを除く関連商品
　　　返還された場合には、その通常の使用料相当額
　　　使用料相当額
　　　＝販売代金の○％＋｜（販売代金－販売代金の○％）×（使用
　　　　期間÷契約期間）｜

　　　※著しく商品価値が損なわれている場合は、残存価値が認め
　　　　られないことがあります。

（3）　役務提供期間経過後は、中途解約はできません。

（4）　クレジットカードを利用して代金をお支払いいただいている場合、
　　　精算方法は、各クレジット会社所定の方法によりますので、各クレ
　　　ジット会社の規約等をご確認ください。

> 前払いで利用料金を受け取っている場合、前受金の保全措置についての記載が必要となります。

【6】前受金の保全措置について

　　　前受金の保全措置については以下の通りです。

　　　①行っています。内容は＿＿＿＿＿＿＿＿＿＿＿＿＿＿＿＿＿です。

　　　②行っていません。

【7】同意書

　　　当サロンのサービスを受ける前には、所定の同意書に署名・捺印し
　　ていただきます。同意書には、お客様の体質（治療中の疾患、アレル
　　ギー、敏感肌・アトピー性皮膚炎、薬の服用の有無、過去のエステで
　　の肌トラブルの有無等）、体調、施術に対する注意事項等への同意を
　　記載します。

よくお読みください

【8】特約について●┄┄┄┄┄┄┄┄┄┄┄ 特約がある場合には、特約を記載
　　　　　　　　　　　　　　　　　　する必要があります。

　　当サロンとお客様との間では、特約として、次の事項を合意します。

事業者の氏名（名称）、住所、電話
番号、法人にあっては代表者の氏
名を記載することが必要です。

会社名
代表者氏名　　　　　　　　　　　㊞
所在地
電話番号

【書式2　エステティックサービス契約書面】

（著者注）各ページの冒頭に よくお読みください と赤枠に赤文字で大きく目立つように記載してください。また、24ページの「【5】クーリング・オフに関する事項」についても赤文字・赤枠で目立つように記載してください。

よくお読みください •------

エステティックサービス契約書面

> 書面をよく読むべきことを赤枠に赤字で記載しなければなりません。
> また、書面の文字および数字の大きさは8ポイント以上である必要があります。

　この書面は、特定商取引法に定める特定継続的役務提供契約の契約内容について記載した書面です。以下の【1】～【9】の内容および契約約款も契約の内容となりますので、よく確認してください。

> 契約締結の年月日の記載が必要です。
> 契約を締結した人の氏名の記載が必要です。

•【契約日 2025 年　2 月　1 日】
•【担当者　　ソレイユ　太　　】

お客様氏名	ソレイユ　陽子
生年月日	20○○年○月○日
住　　所	東京都千代田区丸の内…
電話番号	03-○○○○-○○○○
E-mail	○○@○○.co.jp

> 役務の内容、役務の対価、金銭の額の記載が必要となります。概要書面と異なり、具体的な金額の記載が必要となります。なお、下記【3】に支払総額の記載欄があります。

【1】役務の内容および金額 •

入会日	入会金	備　考
2025 年　2 月　1 日	無料　円（税込）	入会無料キャンペーン

申込む エステコース	時間 （分）	単価	回数	総時間	金額 （税込）	備考
ソレイユ特別コース	90分	22,000円	6回	540分	132,000円	1か月に1回の施術

よくお読みください

※時間や単価等については、当サロンのパンフレット等もよくご確認ください。

※法令の改正による消費税率の変動に起因して金額が変わることがあります。その場合には、消費税が変動した差額をお支払いいただく場合があります。

※お客様の都合によりキャンセルした場合、当サロン所定のキャンセル料をいただきます。

> 役務の提供期間を記載する必要があります。

（役務の提供期間　2025 年　2 月　1 日～　2025 年　8 月　31 日）

> 関連商品の購入が必要な場合の商品名、種類、数量の記載が必要となります。

【2】購入が必要な商品（関連商品）、種類、数量、金額

商品名	種類	単価	数量	金額
ソレイユオイル	マッサージオイル	5,500円	1個	5,500円

【3】支払総額

> 概要書面と異なり、具体的な金額を記載します。

187,500 円（税込）

> 金銭の支払時期、支払方法を記載する必要があります。

【4】支払方法および支払時期等

お支払方法	お支払時期	金額（分割払手数料含む）
現金持参　デビットカード 預金振込　クレジットカード その他（　　　　　）	年　　月　　日 年　　月　　日	円 円
クレジットカード 支払回数　　　2 回	クレジット会社名 ソレイユ クレジット㈱	初回・最終回　97,000円
ショッピングクレジット 支払回数　　　回	年　　月　より 日（毎月）引落	通常回　　　　円

※割賦販売法に基づく抗弁権の接続が適用されます。また、各クレジット会社の規定等も確認をしてください。

> 割賦販売法に基づく抗弁権の接続に関する事項を記載する必要があります。

よくお読みください

よくご確認ください。

> クーリング・オフに関する事項を記載する必要があります。概要書面と異なり、契約書面では、クーリング・オフに関する事項は赤枠に赤字で記載する必要があります。

【5】クーリング・オフに関する事項

（1）　当サロンとお客様がエステティックサービス契約を締結する際に当サロンから契約書面をお渡しします。その契約書面を受け取った日を含めて8日以内であれば、お客様は、当サロンとの契約を解除することができます。これをクーリング・オフといいます。

（2）　（1）において、クーリング・オフをするためには、書面または電磁的記録（E-mailやFAX等）により行わなければなりません。クーリング・オフの解除の効果は、クーリング・オフを記した書面または電磁的記録を発信した時点で発生します。

（3）　お客様からクーリング・オフがなされた場合、当サロンがお客様から金銭を受領していた場合には、全額返金いたします。関連商品を引き渡している場合には、当サロンの費用でお引き取りいたします。

（4）　クーリング・オフに関しては、お客様は、役務の対価や違約金等を支払う必要はありません。ただし、関連商品のうち、健康食品、栄養補助剤、化粧品、石鹸、浴用剤等の消耗品については、開封したり、その全部または一部を使用または消費したりしたときは、当該関連商品に限ってクーリング・オフをすることができません（当該関連商品の費用はお客様にご負担いただきます）。

（5）　契約書面に不備等がある場合には、不備のない契約書面を受け取った日を含めて8日以内であれば、クーリング・オフをすることができます。

　　また、当サロンがお客様に不実のことを告げ、または、威迫したことによってクーリング・オフが妨害された場合には、当サロ

よくお読みください

> ンからお客様に対して改めてクーリング・オフができる旨を記載
> した書面をお渡しし、説明をいたします。お客様は、当サロンか
> ら説明を受けた日を含めて8日以内であれば、クーリング・オフ
> をすることができます。

【6】中途解約に関する事項 ●----▶ 中途解約に関する事項を記載する
必要があります。

（1）　クーリング・オフの期間経過後も、お客様は、当サロンとの間の
　　契約を中途解約することができます。

（2）　中途解約の場合には、次の料金をお支払いいただきます。

　　ア　役務提供開始前　　　　　　　　　　　円（上限は2万円）

　　イ　役務提供後

　　　①既に提供された役務の対価（算出される1回当たりの役務料
　　　　×サービスを受けた回数）

　　　②関連商品

　　　i 健康食品、栄養補助剤、化粧品、石鹸、浴用剤等の消耗品
　　　　開封または使用した物は全額

　　　ii 上記 i を除く関連商品
　　　　返還された場合には、その通常の使用料相当額
　　　　使用料相当額
　　　　＝販売代金の○％＋｛（販売代金－販売代金の○％）×（使用
　　　　　期間÷契約期間）｝
　　　　※著しく商品価値が損なわれている場合は、残存価値が認め
　　　　　られないことがあります。

（3）　お支払いいただいた金額（入会金は除く）から提供させていただ
　　いたサービス分の費用を除き、また、上記（2）の金額を差し引い
　　た金額をお戻しいたします。なお、クレジットカードを利用して代
　　金をお支払いいただいている場合、精算方法は、各クレジット会社
　　所定の方法によりますので、各クレジット会社の規約等をご確認く
　　ださい。

よくお読みください

（4）　役務提供期間経過後は、中途解約はできません。

【7】前受金の保全措置について•----- 前払いで利用料金を受け取っている場合、前受金の保全措置についての記載が必要となります。

　　前受金の保全措置については以下の通りです。

　　①行っています。内容は＿＿＿＿＿＿＿＿＿＿＿＿＿＿です。

　　②行っていません。

【8】同意書

　　当サロンのサービスを受ける前には、所定の同意書に署名・捺印していただきます。同意書には、お客様の体質（治療中の疾患、アレルギー、敏感肌・アトピー性皮膚炎、薬の服用の有無、過去のエステでの肌トラブルの有無等）、体調、施術に対する注意事項等への同意を記載します。

【9】特約について•---- 特約がある場合には、特約を記載する必要があります。

　　当サロンとお客様との間では、特約として、次の事項を合意します。

【本契約約款部分】•--- 特定商取引法上、要求されているわけではありませんが、契約書として最低限必要な記載をしています。サロンの実情に応じて、記載内容を変更してください。

1　私（お客様、以下「甲」といいます）は、本契約書面記載の各条項の内容をよく確認したうえで、当サロン（以下「乙」といいます）に対して、契約日欄記載の日に、【1】〜【3】欄の内容のエステティックサービスを受ける契約および関連商品を購入する旨の申込みを行い、乙はこれを承諾しました（以下「本契約」といいます）。また、【1】〜【9】の内容および本契約約款が本契約の内容となることについても、甲乙ともに承諾いたします。

2　甲が未成年の場合は、甲の親権者または未成年後見人による承諾（当サロン所定の親権者等承諾書）が必要となります。適切な親権者等承諾書が乙に提出された時点をもって本契約の成立とします。

3　甲がクレジットカードで本契約の代金等を支払う場合において、甲

よくお読みください

とクレジットカード会社との間の立替払契約が成立しなかった場合には、本契約は、遡って効力を失います。なお、この場合において、甲とクレジットカード会社との立替払契約が成立しなかった理由は問いません。

4　乙は、甲に対し、【1】記載の通りのエステコースのサービスを提供いたします。

5　甲は、乙に対し、本契約の代金等として、【4】に定められた方法および時期に従って支払います。

6　乙は、甲に対し、【8】記載の通り、同意書を提出いたします。甲の体質等が同意書と異なる場合や甲の体調等により、施術をすることがふさわしくない場合、第4項にかかわらず、乙は、甲に対して、施術を中止する場合があります。

7　甲は、体調不良、施術をするべきではない事情、乙の施術による体調不良等がある場合には、速やかに乙に対して申し出るようにしてください。申出内容によっては、乙は、甲に対して、施術を中止する場合があります。

8　本契約に定めのない事項または本契約の解釈に疑義のある場合には、甲乙は、その協議によって解決するよう努めます。

以上

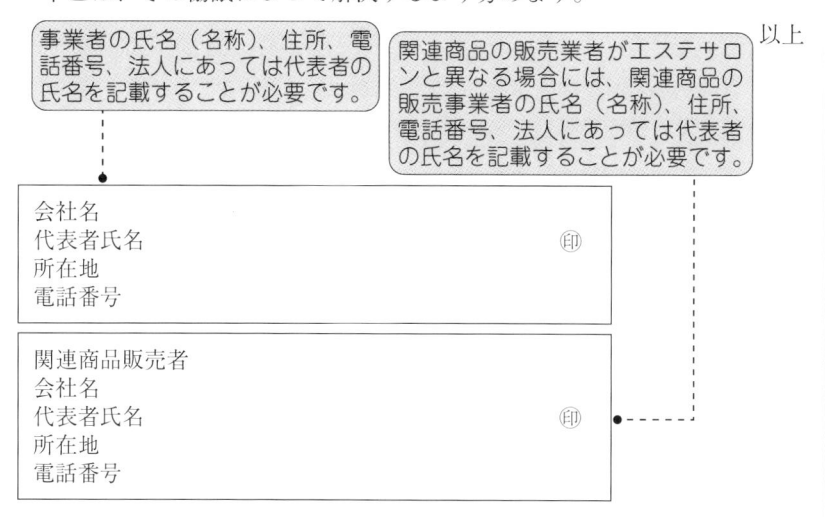

事業者の氏名（名称）、住所、電話番号、法人にあっては代表者の氏名を記載することが必要です。

関連商品の販売業者がエステサロンと異なる場合には、関連商品の販売事業者の氏名（名称）、住所、電話番号、法人にあっては代表者の氏名を記載することが必要です。

会社名
代表者氏名　　　　　　　㊞
所在地
電話番号

関連商品販売者
会社名
代表者氏名　　　　　　　㊞
所在地
電話番号

【書式3　サロン利用規約】

サロン利用規約

第1条（目的）

1. この利用規約（以下「本規約」といいます）は、株式会社○○（以下「当社」といいます）が運営する「○○○○」（以下「本サロン」といいます）を利用するユーザー（第2条で定義します）に適用されます。ユーザーは、本規約に同意のうえ、本サロンを利用します。

2. 本規約は、本サロンの利用条件を定めています。本サロンにユーザー登録したユーザーはすべて本規約に従い、年齢や利用環境等の条件に応じて、本規約の定める条件に従って本サロンを利用します。

3. ユーザーが本規約に同意することにより当社との間に本契約（第2条で定義します）が成立します。

第2条（定義）

本規約において使用する以下の用語は、以下の各号に定める意味を有します。

（1）「本契約」：本規約を契約条件として当社およびユーザーとの間で締結される、本サロンの利用契約を指します。

（2）「ユーザー」：本サロンのユーザー登録をしているすべての方を指します。

（3）「ユーザー情報」：本サロンに登録したユーザーの個人情報等（著者注：各サロンにおけるユーザーの登録情報を記載してください）を指します。

第3条（ユーザー登録）

1. 本サロンのユーザーになろうとする方は、本規約の内容に同意のうえ、当社が定める手続によりユーザー登録を行います。

　未成年、成年被後見人、被保佐人および被補助人は、法定代理人によって設定および入力されていないもしくは法定代理人の事前の同意を得ていなかった場合は、ユーザー登録ができないものとします。

2．ユーザーは、前項に基づき登録した情報に変更が発生した場合、直ちに、登録情報の変更手続を行う義務を負います。

3．当社は、当社の裁量により、ユーザー登録を拒否する場合があります。

4．ユーザーは、本サロンの利用資格を第三者に対して利用、貸与、譲渡、売買または質入等をすることはできません。

第4条（本サロンの利用）

　ユーザーが本サロンでの施術を希望する場合、当社が設定する利用プランの中から希望するプランを選択し、当社との間で利用契約を締結します。ただし、本契約のほか、別途契約を締結することもありますので、その際は本サロンからご説明いたします。

第5条（代金の支払い）

1．ユーザーは、前条の利用契約の成立後、当社が定める方法に従って利用代金を支払います。なお、支払いに係る手数料はユーザーの負担とします。

2．代金の支払い時期とユーザーによる本サロン利用開始時期については、ユーザーと当社との間で締結する利用契約の通りとします。

第6条（知的財産権等）

1．ユーザーが本サロンが運営するウェブサイト上において投稿等を行った場合、著作物性の有無を問わず、掲載内容の一部または全部に関し、発生し得るすべての著作権（著作権法第27条および第28条に定める権利を含みます）について、目的を問わず、無償かつ無制限に利用できる権利を当社に対して許諾することについて同意します。

2．ユーザーは、方法または形態の如何を問わず、本サロンにおいて提供されるすべての情報およびコンテンツ（以下総称して「当社コンテンツ」といいます）を著作権法に定める、私的使用の範囲を超えて複製、転載、公衆送信、改変その他の利用をすることはできません。

3．当社コンテンツに関する著作権、特許権、実用新案権、商標権、意匠権その他一切の知的財産権およびこれらの権利の登録を受ける権利（以下総称して「知的財産権」といいます）は、当社または当社がライセンスを受けているライセンサーに帰属するものとし、ユーザーには帰属しません。また、ユーザーは、知的財産権の存否にかかわらず、当社コンテンツについて、複製、配布、転載、転送、公衆送信、改変、翻案その他の二次利用等を行ってはなりません。

4．ユーザーが本条の規定に違反して問題が発生した場合、ユーザーは、自己の費用と責任において当該問題を解決するとともに、当社に何らの不利益、負担または損害を与えないよう適切な措置を講じなければなりません。

5．ユーザーは、著作物となり得る掲載内容の一部について、当社ならびに当社より正当に権利を取得した第三者および当該第三者から権利を承継した者に対し、著作者人格権（公表権、氏名表示権および同一性保持権を含みます）を行使しません。

第7条（禁止事項）

1．当社は、ユーザーによる本サロンの利用に際して、以下の各号に定める行為を禁止します。

（1）本規約に違反する行為

（2）当社、当社がライセンスを受けているライセンサーその他第三者の知的財産権、特許権、実用新案権、意匠権、商標権、著作権、肖像権等の財産的または人格的な権利を侵害する行為またはこれらを侵害するおそれのある行為

（3）当社または第三者に不利益もしくは損害を与える行為また

はそのおそれのある行為

（4）不当に他人の名誉や権利、信用を傷つける行為またはその
おそれのある行為

（5）法令または条例等に違反する行為

（6）公序良俗に反する行為もしくはそのおそれのある行為また
は公序良俗に反するおそれのある情報を他のユーザーまたは
第三者に提供する行為

（7）犯罪行為、犯罪行為に結びつく行為もしくはこれを助長す
る行為またはそのおそれのある行為

（8）事実に反する情報または事実に反するおそれのある情報を
提供する行為

（9）当社のシステムへの不正アクセス、それに伴うプログラム
コードの改ざん、位置情報を故意に虚偽、通信機器の仕様そ
の他アプリケーションを利用してのチート行為、コンピュー
ターウィルスの頒布その他本サロンの正常な運営を妨げる行
為またはそのおそれのある行為

（10）マクロおよび操作を自動化する機能やツール等を使用する
行為

（11）本サロンの信用を損なう行為またはそのおそれのある行為

（12）青少年の心身およびその健全な育成に悪影響を及ぼすおそ
れのある行為

（13）他のユーザーの利用資格の使用その他の方法により、第三
者になりすまして本サロンを利用する行為

（14）詐欺、規制薬物の濫用、預貯金口座および携帯電話の違法
な売買等の犯罪に結びつくまたは結びつくおそれのある行為

（15）犯罪収益に関する行為、テロ資金供与に関する行為または
その疑いがある行為

（16）その他当社が不適当と判断する行為

2．当社は、ユーザーの行為が、第1項各号のいずれかに該当す
ると判断した場合、事前に通知することなく、以下の各号のい

ずれかまたはすべての措置を講じることができます。

（１）本サロンの利用制限

（２）本契約の解除による退会処分

（３）その他当社が必要と合理的に判断する行為

第８条（解除）

1．当社は、ユーザーが以下の各号のいずれかに該当した場合、何らの通知等を要することなく、本契約を解除し、退会させることができます。

（１）登録情報に虚偽の情報が含まれている場合

（２）過去に当社から退会処分を受けていた場合

（３）ユーザーの相続人等からユーザーが死亡した旨の連絡があった場合または当社がユーザーの死亡の事実を確認できた場合

（４）未成年が法定代理人の同意なく、本サロンを利用した場合

（５）成年被後見人、被保佐人または被補助人が、成年後見人、保佐人または補助人等の同意なく、本サロンを利用した場合

（６）当社からの要請に対し誠実に対応しない場合

（７）その他当社が不適当と判断した場合

2．前項各号に定める場合のほか、当社は、ユーザーに対して30日前までに事前に通知することにより、本契約を解除し、退会させることができます。また、ユーザーが退会を希望する場合、当社が定める退会手続により、当月末日をもって本契約を解除し、退会することができます。

3．第１項および第２項の措置により退会したユーザーは、退会時に期限の利益を喪失し、直ちに、当社に対し負担するすべての債務を履行します。

第９条（非保証・免責）

1．ユーザーが登録情報の変更を行わなかったことにより損害を被った場合でも、当社は一切の責任を負いません。

2．ユーザーは、法令の範囲内で本サロンをご利用ください。本

　　サロンの利用に関連してユーザーが日本または外国の法令に触れた場合でも、当社は一切の責任を負いません。

3．予期しない不正アクセス等の行為によって当社のシステム内に存在するユーザー情報を盗取された場合でも、それによって生じるユーザーの損害等に対して、当社は一切の責任を負いません。

4．当社は、天災、地変、火災、ストライキ、通商停止、戦争、内乱、感染症の流行その他の不可抗力により本契約の全部または一部に不履行が発生した場合、一切の責任を負いません。

5．本サロンの利用に関し、ユーザーが他のユーザーとの間でトラブル（本サロン内外を問いません）になった場合でも、当社は一切の責任を負わず、これらのトラブルは、当該ユーザーが自らの費用と負担において解決します。

第10条（損害賠償責任）

1．ユーザーは、本規約の違反または本サロンの利用に関連して当社に損害を与えた場合、当社に発生した損害（逸失利益および弁護士費用を含みます）を賠償します。

2．次項を除く本規約の他の定めにかかわらず、当社は、当社の帰責事由によりユーザーに損害を与えた場合、次の各号に定める範囲でのみその損害を賠償する責任を負います。

（1）当社の故意または重過失による場合：当該損害の全額

（2）当社の軽過失による場合：現実かつ直接に発生した通常の損害（特別損害、逸失利益、間接損害および弁護士費用を除く）の範囲内とし、かつ1万円を上限とする

第11条（秘密保持）

1．ユーザーは、本サロンの利用に関して、当社から開示された秘密情報を第三者に開示または漏洩してはなりません。なお、秘密情報とは、文書、電磁的データ、口頭その他形式の如何を問わず、または秘密の表示もしくは明示またはその範囲の特定

の有無にかかわらず、本サロンの利用に関して開示された相手方の技術上、営業上または経営上の情報をいいます。

2．次の各号の情報は、秘密情報に該当しないものとします。

（1）開示を受けた時、既に所有していた情報

（2）開示を受けた時、既に公知であった情報またはその後自己の責に帰さない事由により公知となった情報

（3）開示を受けた後に、第三者から合法的に取得した情報

（4）開示された秘密情報によらず独自に開発しまたは創作した情報

（5）法令の定めまたは裁判所の命令に基づき開示を要請された情報

3．ユーザーは、本サロンの利用終了、本契約の解約その他の事由により本契約が終了した場合、当社の指示に従い秘密情報を速やかに返還または廃棄します。なお、廃棄にあたっては、秘密情報を再利用できない方法をとるものとします。

第12条（反社会的勢力の排除）

1．ユーザーは、現在、暴力団、暴力団員、暴力団員でなくなった時から5年を経過しない者、暴力団準構成員、暴力団関係企業、総会屋等、社会運動等標ぼうゴロまたは特殊知能暴力集団等、その他これらに準ずる者（以下「暴力団員等」といいます）に該当しないこと、および次の各号のいずれにも該当しないことを表明し、かつ将来にわたっても該当しないことを保証します。

（1）暴力団員等が経営を支配していると認められる関係を有すること

（2）暴力団員等が経営に実質的に関与していると認められる関係を有すること

（3）自己、自社もしくは第三者の不正の利益を図る目的または第三者に損害を加える目的をもってする等、不当に暴力団員等を利用していると認められる関係を有すること

（4）暴力団員等に対して資金等を提供し、または便宜を供与する等の関与をしていると認められる関係を有すること

（5）役員または経営に実質的に関与している者が暴力団員等と社会的に非難されるべき関係を有すること

2．ユーザーは、自らまたは第三者を利用して次の各号のいずれにも該当する行為を行わないことを確約します。

（1）暴力的な要求行為

（2）法的な責任を超えた不当な要求行為

（3）取引に関して、脅迫的な言動をし、または暴力を用いる行為

（4）風説を流布し、偽計を用いまたは威力を用いて相手方の信用を毀損し、または相手方の業務を妨害する行為

（5）その他前各号に準ずる行為

3．当社は、ユーザーが、暴力団員等もしくは第1項各号のいずれかに該当し、もしくは前項各号のいずれかに該当する行為をし、または第1項の規定にもとづく表明・保証に関して虚偽の申告をしたことが判明した場合には、自己の責に帰すべき事由の有無を問わず、ユーザーに対して何らの催告をすることなく本契約を解除することができます。

4．当社は、前項により本契約を解除した場合には、これによりユーザーに損害が生じたとしてもこれを一切賠償する責任はないことを確認し、ユーザーはこれを了承します。

第13条（連絡・通知）

本サロンの利用に関する問合せその他ユーザーから当社に対する連絡または通知、および本規約の変更に関する通知その他当社からユーザーに対する連絡または通知は、電子メールその他当社の定める方法で行います。通知は、当社からの発信によってその効力が生じます。

第14条（地位の譲渡等）

ユーザーおよび当社は、相手方の書面による事前の承諾なく、本契約上の地位または本規約に基づく権利もしくは義務の全部または一部につき、第三者に対し、譲渡、移転、担保設定、その他の処分をすることはできません。ただし、株式譲渡もしくは事業譲渡または合併、会社分割その他の組織再編についてはこの限りではありません。

第15条（個人情報の取扱い）

本サロンにおける個人情報の取扱いに関しては、当社が定める「プライバシーポリシー」に基づき取り扱います。

第16条（分離可能性）

本規約のいずれかの条項の全部または一部が無効または違法となった場合でも、当該無効または違法は、いかなる意味においても本規約の他の条項ならびにその解釈および適用に何ら影響せず、これらの適法性および有効性を損なわず、またこれらを無効にするものではありません。

第17条（本契約の有効期間）

本契約の有効期間は、本契約成立時からユーザーが退会するまでの間とします。なお、第6条（知的財産権等）、第8条（解除）第3項、第10条（損害賠償責任）、第11条（秘密保持）、第12条（反社会的勢力の排除）第3項および第4項、第14条（地位の譲渡等）、第16条（分離可能性）から第21条（その他）の規定は、本契約の終了後も有効に存続するものとします。

第18条（本規約の変更）

1．当社は、以下の各号のいずれかに該当する場合は、民法第548条の4の規定に基づき本規約を随時変更できます。本規約が変更された後の本契約は、変更後の本規約が適用されます。

（1）本規約の変更が、ユーザーの一般の利益に適合するとき

（2）本規約の変更が、契約をした目的に反せず、かつ、変更の

必要性、変更後の内容の相当性およびその内容その他の変更に係る事情に照らして合理的なものであるとき

2．当社は、本規約の変更を行う場合は、変更後の本規約の効力発生時期を定め、効力発生時期の2週間前までに、変更後の本規約の内容および効力発生時期をユーザーに通知、本サロン上への表示その他当社所定の方法によりユーザーに周知します。

3．前二項の規定にかかわらず、前項の本規約の変更の周知後にユーザーが本サロンを利用した場合または当社所定の期間内にユーザーが解約の手続を取らなかった場合、当該ユーザーは本規約の変更に同意したものとします。

第19条（準拠法）

本規約の準拠法は、すべて日本国の法令が適用されます。

第20条（合意管轄）

ユーザーと当社との間における一切の訴訟は、東京地方裁判所を第一審の専属的合意管轄裁判所とします。

第21条（その他）

1．ユーザーは、本規約に定めのない事項について、当社が細目等を別途定めた場合、これに従います。この場合、当該細目等は、本規約と一体をなします。

2．細目等は、当社所定の箇所に掲載した時点より効力を生じます。

3．細目等と本規約の内容に矛盾抵触がある場合、本規約が優先します。

附則

20○○年○月○日：制定・施行

---- 契約 ----

Q2 盗難・紛失／免責の同意書

 お客様から盗難・紛失の被害を訴えられました。当エステサロンでは、契約時に「エステサロン施設内での盗難、紛失等については当方では一切の責任を負いかねます」との内容が書かれた同意書にサインをもらっています。エステサロン側は、責任を免れることができますか？

お 客 様：すみません、さっきまで施術を受けていたのですが、施術前に外して置いておいたネックレスが見当たりません！

スタッフ：それは困りましたね！　どのようなネックレスですか？　どちらに置いていらしたのでしょうか？

お 客 様：この棚の上に着替えや荷物を置くように言わたので、それらと一緒に（棚の上にある皿型のアクセサリー置きに）、置いていました。Sというブランドの、ピンクゴールドのスマイルの形のネックレスです。

スタッフ：承知しました。一度こちらでもサロン内を確認させていただきます。

　　　　　……

　　　　　申し訳ありませんが、サロン内を確認したものの、お客様のものと思われるネックレスは見つかりませんでした。

お 客 様：そんな…困ります！　今はもう廃番になっていて、すごく大事なものなんですけど…。

> スタッフ：お客様、ご契約時に「エステサロン施設内での盗難、紛失
> 　　　　　等については当方では一切の責任を負いかねます」という
> 　　　　　同意書にサインしていただいたかと思います。店内を探し
> 　　　　　ても見つからない以上、当店ではこれ以上のご対応はでき
> 　　　　　かねます…。
> お 客 様：そんなこと言われても困ります。これは店側の責任で
> 　　　　　しょ！？

≫Answer　免責の同意書にサインをもらったからといって、エステサロン側はすべての責任を免れるわけではありません。状況やエステサロンの対応によって個別に判断されることとなるため、盗難・紛失が不可抗力であったことを立証できるレベルまで設備を整えることが理想です。

知　　識　免責の同意書は絶対ではない

　エステサロンの運営にあたっては、契約責任および不法行為責任の存否の問題を抱えることとなるため、事前にお客様から免責の約束を取り付けておきたいと考えることは、ごく自然な発想です。

　後述しますが、ここでの契約責任は、エステサロンとお客様との間の契約に、お客様の所持品の盗難・紛失防止の注意義務まで含まれているかの問題です。そして、不法行為責任は、契約の注意義務には含まれていないものの、法律等によってお客様の所持品の盗難・紛失防止の注意義務が課されているかどうかの問題です。

　結論からいうと、お客様から設問のような同意書にサインをもらっていたとしても、それだけで、直ちにすべてが免責されることにはなりません。エステサロン側に生じる可能性がある上記契約責任および不法行為責任の程度は、状況によって様々ですので、具体的なケースに応じて検討する必要があります。仮に同意書をもらっていたとして

も、責任が生じることは十分にあり得ます（⇒*Q3*参照）。

知　識　契約責任とは？　範囲はどこまで？

　エステサロンがお客様との間で締結する契約は、エステサービスを提供する契約です。そのため、サロンとしては粛々とエステサービスを提供すれば足りるものの、お客様が安心してエステサービスを受けるにあたって、どこまでの環境を整えるべきか、という問題が生じます。

　本設問でいうと、お客様がサロン内で所持品の盗難、紛失等に遭わないように配慮すべき義務までを、エステサロンが負っているのかが問題になります。

知　識　不法行為責任とは？　サロンが負うことになる？

　契約責任とは別に、エステサロンを運営するにあたって、お客様が所持品の盗難・紛失等に遭わないよう注意すべき義務があると捉えると、そういった注意義務に違反した場合は、エステサロンが不法行為責任を負うことになります。すなわち、エステサロンがどこまで、どのような範囲で注意義務を負っているかを検討する必要があります。

知　識　契約内容には所持品の管理も含まれる

　一般的に、エステサロンがエステサービスを提供するにあたり、お客様が安心してエステサービスを受けられる環境を整えることまで契約内容に含まれていると考えられます。この安心の中には、施術方法や技術レベルといった施術に直接関連する内容はもちろんですが、施術を受ける環境において、所持品の盗難・紛失を防ぐ環境を提供することも含まれます。盗難・紛失を防ぐ環境とはどこまでのレベルを指

すのかは、施術の環境によっても様々といえます。

対応方法 施術場所と所持品の保管場所の位置関係

例えば、施術室内で着替えを行い、そのまま所持品の近くで施術を受けるのか、それとも着替えスペースから施術室に移動して行うのか等でも、求められるセキュリティーレベルは変わってきます。

設問のケースでは、施術場所の記載はないものの、棚の上を保管場所とし、棚の上に皿型のアクセサリー置きを設置しています。お客様が棚の近くで施術を受けていたとしても、施術中に棚付近の様子を必ずしも確認できるわけではないのでしょうし（施術中、目を保護するために目隠しをするケースなどもよくあります）、確認できたとしても、何かの拍子に荷物が落ちたり、スタッフを含め他の人が持ち去ることができたりする状態にしておくのは問題があります。

少なくとも、鍵のかかるロッカーまたは金庫を準備し、施術中は着替えや荷物を簡単に他人が取り出せないよう配慮した環境を整備する義務を、エステサロンは負っているものといえます。

知　識 エステサロン側が積極的に荷物を預かる場合は寄託契約扱い

飲食店やホテル、美容院などでは、店舗側が積極的にお客様の荷物を預かることが多くあります（例：クロークにコートを預ける。物を預かる契約のことを寄託契約と呼びます）。店舗側がお客様の特定の荷物を積極的に預かる場合、お客様と店舗の間で、寄託契約が締結されたとみなすことになります。この場合、荷物の紛失や破損があると、店舗側で不可抗力であったことを立証しない限り、責任追及されてしまいます（商法596条1項）。

エステサロンなどでは、クロークの制度を導入しているケースは少ないかと思いますが、このようなルールがある以上、積極的に荷物を

預かることは慎重に検討すべきです。

　また、このような寄託の形態をとっていなかったとしても、お客様がサロン内に持ち込んだ荷物について、サロン側が注意を怠ったことによって紛失したり、破損したりしたときは、サロン側が損害賠償の責任を負うこととなります（同条2項）。この責任は、「携帯した物品につき責任を負わない」旨を表示していたとしても、免れることができません（同条3項）。これらの商法上の責任も意識しつつ、セキュリティー環境を整えてください。

┌─────────┐
│ ま と め │
└─────────┘

　設問のエステサロンは、事前にお客様から免責の同意書を受け取っていることをもって、お客様の所持品のセキュリティーに配慮しなかった点に大きな問題があります。この後、設問のお客様が、実際に損害賠償請求等を行うかどうかはわかりませんが、何等かの請求を受けた場合、法的にはエステサロンに賠償の義務があるといえます。このようなことにならぬよう、サービスを提供するにふさわしい環境を準備しておくことが必要です。

契約

Q3 免責の同意書の効果／賠償責任

施術前に、お客様から施術に際しての免責の同意書にサインをもらおうと思います。何を記載すればよいでしょうか？

また、免責の同意書があれば、施術でミスをしても賠償等はしなくてよいのでしょうか？

≫ Answer 「一切の責任を負いかねます」といった、いわゆる全部免責を記載した同意書等は消費者契約法に反し無効となりますので、あらかじめ消費者契約法に反することのない有効な同意書を用意したうえで、お客様に、当日の年月日、住所、氏名を記入していただく必要があります。

施術ミスがあった場合、免責の同意書があったとしても、同意書の適用対象外である場合や、免責の同意書が無効である場合は、賠償等をしなければなりません。

知　識

消費者契約法の強行法規性（法律のほうが、契約・合意よりも優先される）

法律、法律における各条文（以下、単に「法律」といいます）には、強行法規といわれるものと、任意法規といわれるものとがあります。この違いは、法律の内容と、契約・合意の内容が異なったときに、どちらが優先するかという点で生じます。

強行法規とされる法律は、契約・合意よりも法律が優先します。仮に、当事者同士において、相互にきちんと内容を理解して契約・合意

をしていたとしても、それが法律の内容に反している場合、その契約・合意は無効になります。

　その反対に、任意法規とされる法律については、法律よりも当事者間の契約・合意の内容が優先します。

　世の中に数多く存在する法律の多くは任意法規とされていますが、今回の免責に関する消費者契約法の8条等は強行法規とされています。

知　識　消費者契約法8条の内容

　消費者契約法は、消費者を保護する法律です。そして、同法8条は、事業者の責任を過度に免責する条項が無効であることを定めています。

　具体的に見ていきましょう。

① まず、事業者の債務不履行により消費者に生じた損害を賠償する責任を「全部免除する」条項は「無効」であると定めています（8条1項1号）。

　例えば、エステサロンでの施術にあたり、「当サロンは、施術に関しお客様に損害が生じたとしても、一切の責任を負いかねます。また、お客様はそのことを十分に理解したうえで施術を受けることに同意します。」といった同意書を準備し、これに対しきちんとお客様に説明し、お客様が納得して署名したとしても、当該同意書は消費者契約法8条1項1号に反して無効となります。

② また、事業者に「故意又は重過失」がある場合に、事業者の責任を一部でも免除する条項も無効であるとしています（8条1項2号）。

　例えば、「当サロン側に故意または重過失がある場合でも、当サロンが負う責任・損害賠償は金10万円を限度とします。」といった同意書も無効となります。

　なお、「故意」は端的にいうと意図的（わざとといってよいでしょう）というイメージを、「重過失」は意図的と同レベルの重大な過ちというイメージを持っていただければよいと思います。

③　さらに、同法は令和4年に改正がなされ、「免責の範囲が不明確な条項」も無効になりました（8条3項。施行日は令和5年6月1日）。

　事業者において、（改正前の）消費者契約法を意識し、「法律上許される限り、損害賠償責任を負わないものとします。」「法令に反しない限り、賠償額の上限を10万円とします。」といった条項（「サルベージ条項」と呼ばれています）が散見されました。「法律上許される限り」などと記載されてはいますが、責任を限定する範囲や免責の範囲が明記されておらず、内容が不明瞭であるため、消費者保護の観点から問題視されていました。

　そこで、消費者契約法が改正されました。改正後の消費者契約法8条3項は、下記のように規定されています。

　事業者の債務不履行（当該事業者、その代表者又はその使用する者の故意又は重大な過失によるものを除く。）又は消費者契約における事業者の債務の履行に際してされた当該事業者の不法行為（当該事業者、その代表者又はその使用する者の故意又は重大な過失によるものを除く。）により消費者に生じた損害を賠償する責任の一部を免除する消費者契約の条項であって、当該条項において事業者、その代表者又はその使用する者の重大な過失を除く過失による行為にのみ適用されることを明らかにしていないものは、無効とする。

　少しわかりづらいかもしれませんが、消費者契約法8条1項1号で「全部免責」条項が禁止され、同項2号で「故意又は重過失」がある場合に、責任を一部でも免責する条項が禁止された結果、結局、

有効となるのは、「軽過失」にとどまる場合に「責任を一部免責する」条項に限られることになりました。

なお、「軽過失」は「ミスをした」くらいのイメージです。

そして、8条3項は、そのことを「明らかに」するよう求め、「法令に反しない限り…」といった抽象的な条項、免責の範囲が不明確な条項を無効としたのです。

そのため、前記のような、「法律上許される限り、損害賠償責任を負わないものとします。」といったものや、「法令に反しない限り、賠償額の上限を10万円とします。」といった条項は、免責の範囲が不明確であるとして、無効となります。

対応方法　有効な同意書の内容は？

以上の通り、消費者契約法はかなり厳しいものであり、強行法規でもあるため、エステサロンとしては、消費者契約法に反しない有効な同意書を作成する必要があります。

有効な同意書・免責条項は、【軽過失の場合に、一部責任を免除する（責任を制限する）】ものになります。なおかつ、そのことを明らかにする必要があります。そのような内容であれば、消費者契約法には違反せず、無効にはなりません。

具体的には、例えば、「本サービスの提供にあたり当サロンが負担する損害賠償額は金10万円を限度とします。ただし、当方に故意または重過失がある場合を除きます。」といった内容であれば、無効にはなりません。

ま と め

お客様との免責の合意はとても重要です。ですが、上記で述べた通り、合意すれば何でも免責になるというわけではありません。最後に

具体例を記載した通り（次ページ**書式4**参照）、サロンで行う施術と実際に生じ得るであろう損害（お客様への健康被害）が常識的に考えてどの程度かを目安に、「そこは、エステサロン側に非がある場合は補償します。」といった内容で合意をすることを基本とし、免責同意書を検討するのがよいでしょう。

【書式４　免責同意書（エステサロンでの免責条項）】
【契約書等とは別途（契約書等と共に）免責同意書の形をとる場合の例】（注：個人情報の同意等は含んでいない）

免 責 同 意 書

　私は、以下の各事項につき確認・同意します。

- □　当店の施術は医療行為ではないこと。治療を目的としたものではないこと。
- □　成年、未成年の別を正しく申告する（している）こと。また、未成年の場合は、契約をするにつき親権者の同意を得る（得ている）こと。
- □　自身の体調、健康状態、既往歴、肌の状態等、当店が求めたお客様の情報につき正しく申告する（している）こと。
- □　お客様の体調、肌の状態により施術を受けられないことがあること。

　飲酒をしている場合、傷病やアレルギーがある場合、妊娠している場合等、お客様の安全のため、施術するに適当でないと当店が判断した場合、当店が施術をお断りすることがあること。

- □　施術の結果には個人差があり、必ずしも効果があることを約束するものではないこと。
- □　当店の施術に問題が認められない場合、当店は責任を負わないこと。
- □　当店の施術との因果関係が不明瞭な傷病につき、当店は責任を負わないこと。
- □　本サービスの提供にあたり当店が負担する損害賠償額は20万円を限度とすること。ただし、当店に故意または重過失がある場合を除くこと。

　以上の内容につき十分に理解し、内容確認のうえ、異議なく同意します。

記入日　　　年　　月　　日

住所　_____

氏名（署名）_____　㊞

【未成年者の場合】

法定代理人親権者父（署名）_____　㊞

法定代理人親権者母（署名）_____　㊞

以上

解約

$Q4$ クーリング・オフ

お客様からクーリング・オフをするので返金して欲しいと言われたので、応じました。エステの契約において、クーリング・オフは絶対必要なのでしょうか？　その場合、具体的に何をすればよいのでしょうか？

≫Answer　クーリング・オフは、基本的に契約期間が1か月を超え、かつ、サービス料金等の合計額が5万円（関連商品の代金も含みます）を超える継続的なサービス（役務）提供となる契約において必要となります。契約時にクーリング・オフが可能であることを書面で説明してください。

　なお、法律上は、契約前の時点でもクーリング・オフが可能であることを書面で説明する必要があります。

知　識　クーリング・オフとは？

　クーリング・オフとは、特定商取引法の規定で、契約の申込みや契約の締結をした場合でも、お客様が契約を再考できるようにし、一定の期間であれば無条件で契約の申込みを撤回したり、契約を解除したりできる制度です。

> **知　　識**　対象となるエステティック（エステ）

　クーリング・オフの対象となるエステは、「人の皮膚を清潔にしもしくは美化し、体型を整え、または体重を減ずるための施術」（特定商取引法）に該当するものです。具体的には、痩身効果のあるサロンやネイルサロン、脱毛サロン等は上記定義に含まれ、クーリング・オフの対象となり得ますが、育毛サロンやマッサージを目的としたサロンは上記の定義には含まれず、クーリング・オフの対象とはなりません。

> **知　　識**　対象となる契約期間・金額

　上記に該当するエステであっても、すべての契約が対象となるわけではありません。対象となるのは、契約期間が1か月を超え、かつ契約金額が5万円を超える契約（「特定継続的役務提供契約」に該当するもののみ）です。

> **知　　識**　クーリング・オフの期間

　クーリング・オフの期間は、クーリング・オフができることを書面（ないしは同意が得られた場合で電磁的な方法。以下同様）で通知してから、8日以内とされています。

> **対応方法**　クーリング・オフができることを伝える

　お客様にクーリング・オフができることを書面ないし電磁的な方法（クラウドサインによる契約の締結やメールによる送付）により伝えなければなりません。

　なお、電磁的方法による場合は、必ずお客様から同意をとる必要が

あります。その際、お客様が、PCやスマートフォン等を日常的に使用し、自ら操作できる者であるかどうかには注意してください。つまり、高齢者等でPCやスマートフォンを日常的に使用しない方に対して、電磁的方法による通知は認められないということになります。

　書面での通知をしていないと、クーリング・オフの期間である8日以内の時間制限は開始されません。つまり、お客様に書面による通知をしない限り、8日以内という期限はいつまでも経過せず、いつでもクーリング・オフが可能となってしまうため、注意が必要です。

対応方法　クーリング・オフの申入れがされたら

　お客様からクーリング・オフを希望する旨の書面ないしは電磁的方法（事業者側とは異なり、お客様がクーリング・オフの通知に電磁的方法をとることへの同意は不要です）が送付されたら、まずは内容を確認しましょう。

　確認が必要なのは、事業者がクーリング・オフの対象となる契約を特定するために必要な情報（契約年月日、契約者名、購入商品名、契約金額等）やクーリング・オフの通知を発した日です。

　問題なく記載されていた場合は、消費者との契約は解除となり、もともと契約をしていなかったことになります。

　仮に、クーリング・オフが可能な期間内にお客様にサービスを行っていた場合や、既に代金を受け取っていた場合でも、全額の返金が必要です。また、料金を後払いとする方には請求ができなくなります。

対応方法　クーリング・オフ期間経過後に、契約の解除を求められた場合

　クーリング・オフの適用は先に述べたようにクーリング・オフができる旨の書面を交付してから8日以内とされているため、その期間が過ぎれば契約の解除はできないこととなります。

　しかし、クーリング・オフ可能な契約については、消費者に中途解約権という解除権が認められています。この中途解約権はクーリング・オフと異なり、将来に向かって契約の解除をするものであるため、中途解約権の行使までに提供したサービスに関する全額の返金までは求められません。

　しかし、事業者側が請求できる請求金額については明確に定められており、以下が請求の上限額となります（⇒*Q6*参照）。

・提供前：2万円
・提供後：既に提供したサービスの価格＋2万円
　　　　　　　　　OR
　　　　（契約の総額－提供済のサービスの価格を引いたもの）×10%
　　　　のいずれか低い金額

まとめ

　クーリング・オフは消費者に認められた強力な権利であるため、事業者としては適用の対象となるかどうか、契約の期間や金額については十分に注意しなければなりません。例えば、契約金額5万円以下で契約期間1か月以下のサブスクリプション等は対象外です（解約の縛りで1か月を超える契約の継続が必要な場合等は対象となり得ます）。

　クーリング・オフの対象となる契約を締結する場合には、必ず、書面ないしは電磁的方法による通知をすることを忘れないようにしましょう。一般的には、契約時にお客様に渡す契約書面にクーリング・オフに関する事項を記載していますので、契約書面を準備し、契約の際にお客様に渡すようにしましょう（⇒*Q1*の書式1、2参照）。

Q5 未成年者／契約取消／クーリング・オフ期間後

　未成年者のお客様でした。クーリング・オフ期間を過ぎた後で、保護者から解約したいと言われました。全額返金する必要があるのでしょうか？

　また、未成年者のお客様から、施術当日になって「やっぱり怖い。受けるのをやめたい」と言われました。どのように対応すればよいでしょうか？

≫ Answer　未成年者が契約にあたって保護者の同意を得ていなかった場合は、未成年者であることを理由に、契約の取消しと代金の返金を求められることがありますので、これに対応する必要があります。ただし、未成年者が年齢や保護者の同意を偽っていた場合は、契約の取消しに応じる必要がないケースもあります。

　なお、保護者の同意を得ていた場合は、契約は有効に成立していますので、お客様が解約をしたいと申し出たときは、契約書の中途解約の規定に基づいて対応していくことになります。

知　識　未成年者の契約には原則として保護者の同意が必要

　令和2年4月から適用になった改正民法により、成人年齢が引き下げられ（民法4条）、18歳以上は成人として、自身の判断で契約することが可能となりましたが、未成年者が契約をする際は、法定代理人

（典型的には親）の同意を得なければならないとされています（民法5条1項前段）。

　そのため、エステサロンが未成年者と契約をする際、保護者の同意を確認していないと、未成年者や保護者から契約の取消しを主張される場合があります。この場合、契約を取り消したうえで、代金の全額を返金せざるを得なくなります（民法5条2項）。

　他方で、保護者の同意を得ていれば、未成年であることを理由に契約を取り消すことはできないので、必ずしも返金の必要はなく、契約書の中途解約の規定に沿って、処理していくことになります。

対応方法　未成年者が年齢や保護者の同意の有無を偽った場合

　法定代理人が目的を定めて処分を許した財産は、法定代理人の同意を得ていなくても、未成年者がその目的の範囲内において、自由に処分することができるとされています。これを簡単に言い換えると、親が渡したお小遣いの範囲で子どもが自由に買い物をすることは構わないということです。

　例えば、エステサロンなどで販売している安価な化粧品や雑貨を購入するような場合には、保護者が目的を定めて処分を許した財産の範囲内であるとして、取消しが認められない場合も多いです。もっとも、何十万円もするエステコースなどの契約は、保護者が目的を定めて処分を許した財産の範囲内とはいえず、契約の取消しが認められることになり、サロン側は解約の手続きをして返金することになるでしょう。

　一方で、未成年者が、成人であるとして虚偽の身分証を示したり、偽造した保護者の同意書を提示したりするなど、詐術を用いて行為能力者であると誤信させたような場合には、契約を取り消すことはできません（民法21条）。つまり、エステサロン側が解約や返金に応じる必要はありません。

> **対応方法**　保護者の同意を得ていたものの、未成年者から解約したいと言われた場合

　未成年者のお客様から、施術当日になって「やっぱり怖い。受けるのをやめたい」と言われた場合は、どのように対応すればよいでしょうか。

　この場合は、保護者の同意を得ているので、契約は有効に成立しています。そのため、お客様が未成年者であることを理由に、契約を取り消すことはできません。成人のお客様と同様に、契約書の中途解約の条項に基づいて対応していくことになります。その場合、契約を中途解約することについて、改めて保護者から同意を得る必要があります。

> **対応方法**　身分証等で年齢を確認し、未成年者であれば同意書を取得することが重要

　未成年者と契約をした場合、後から契約を取り消されてしまい、代金の全額を返金しなければならなくなるリスクがあります。これを避けるため、特に高額な契約の際は、契約時に身分証等でお客様の年齢を確認し、コピーをとっておくなどしたほうがよいでしょう。そのうえで、お客様が未成年者であった場合には、保護者から署名・押印付きの同意書を取得することをおすすめします。

Q6 通い放題／中途解約／返金／解約料請求

 当エステサロンには、「1年間通い放題コース」があるのですが、お客様から契約途中で解約したいと言われました。解約に応じ、いくらか返金しなければならないのでしょうか？

（ある日の電話）

スタッフ：はい、ABCサロンです。

お　客　様：もしもし、「1年間通い放題コース」で通っている甲です。
　　　　　あのー、すみません、ちょっと解約したいんですが……

スタッフ：何か、当サロンの施術に問題がございましたでしょうか？

お　客　様：あーいや、そういうわけではないんですが……
　　　　　あと、今年の1月に契約し、まだ3か月ほどしか経っていなくて、あまり通ってもいないので、返金してもらいたいのですが、お願いできますか？

スタッフ：えぇっと…

≫Answer　エステ等の契約では、クーリング・オフ期間を過ぎている場合でも、お客様に中途解約権が認められているため、解約には応じる必要があります。また、契約の残りの期間や未施術分の費用を返金する必要が生じます。

知　識　中途解約権とは？

　中途解約権とは、契約期間が1か月を超え、契約金額が5万円を超える場合（特定継続的役務提供といいます）に、クーリング・オフ期間を過ぎても契約を解約できる権利のことをいい、特定商取引法によって認められています。なお、中途解約に関する事項は概要書面・契約書面にも記載が必要です（⇒*Q1*参照）。

　この場合、エステサロン側は、中途解約を申し出たお客様に対して、損害賠償金や解約料等の名目で金員を請求することができ、その金額は、以下のように決められています。

〈施術開始前〉　2万円

〈施術開始後〉　2万円または契約残金（契約金総額から既に実施
　　　　　　　　した施術分の対価を控除した額）の10%
　　　　　　　　のいずれか低い額

　そのため、中途解約をする際には、下記で記載する未施術分または契約の残期間に応じた返金額から、上記の損害賠償金ないしは解約料を差し引いた金額をお客様に返金することになります。

対応方法　未施術分、残期間分については返金にも応じる必要がある

　お客様の解約に際し、返金が必要となるのは、未施術分です。設問では1年間通い放題となっており、3か月で解約となると、その残期間を考慮した金額を返金する必要もあります。期間分の返金の目安は、単純に最終的に支払う料金（例えば12万円）から、施術済みの3か月の有料施術分の金額（3万円）を差し引いた金額でよく、その残期間分を返金することになると考えられます(設問でいえば3か月なので、9か月分（9万円）の返金)。

　一方、エステサロンの通い放題コースの契約内容は、最初の何回かまでは代金が発生し、その後は無料という料金形態になっており、契約から一定の期間内であれば、施術を受け放題という内容になっていることも多いと思います。

　例えば、最初の10回までが1回1万円と決まっていて、その後は無料という場合に、顧客が8回しか施術を受けていない時点で解約・返金の申出があった場合には、未施術である2回分の施術代の返金（2万円）が必要と考えられます。一方で、10回分の施術を受け終わった後に申出があった場合には、返金は不要になります。

対応方法　料金体系が合理的であることが必要

　ただし、上記のような契約構成にする場合、有料回数や1回あたりの金額が施術内容との関係で合理的なものでない場合は、施術済みの分に関しても一部返金が認められる可能性はあります。

　例えば、最初の1回が100万円、残りの回数が無料で1年間施術可能という契約があるとします。ここで、たとえ1回目の施術が終わっているからといって中途解約の際におよそ返金が不要かというと、100万円という対価がたった1回の施術の対価としては合理性を欠くといえる場合は、返金を命じられる可能性があります。また、顧客から多くの苦情が寄せられると、消費者生活センターから改善を求められることもあるので、注意が必要です。

対応方法　ネイルサロンの場合

　ネイルサロンにも、最近、月額定額で通い放題のプランを提供するケースがあります。この場合、中途解約はできるのでしょうか。

　ネイルサロンについても、契約期間が1か月を超え、契約金額が5万円を超える場合には、お客様に中途解約権が認められます。例え

ば、最低契約期間が1年間で、月額相当額が5,000円の場合、お客様の支払総額は6万円となるため、中途解約権が認められることとなります。

この場合、契約期間の途中（例えば、契約後5か月経過したとき）にお客様から解約の申出があった場合には、未施術の契約期間（例でいえば7か月分）に相当する分を返金する必要があります。ただし、実際にこういった契約形態の場合には、自動引き落とし等で月々支払いを受けていることが多いのではないかと思いますので、解約を認める必要はありますが、返金が必要となる場合は限られるでしょう。

一方、契約期間が1か月の自動更新で、契約期間の縛りがない場合には、契約金額が5万円を超えるとはならないことが多いと思います（月額が5万円を超えるというネイルサロンはなかなかないのではないでしょうか）。そういった場合、お客様に中途解約権はありません。そのため、お客様が月途中で解約を希望する場合も、解約を認める（返金する）必要はありません。

ま と め

特定継続的役務提供といわれる契約をした場合で、お客様から中途解約を求められた場合は、上記の通り対応する必要があります。その返金額は、どこまで施術をしたのか、残っている期間はどのくらいかといった観点を確認し具体的な金額を定めることになります。違約金や損害賠償の金額もしっかりと契約書には記載をして、いざというときに備えることが重要です（⇒*Q1*の書式1・2参照）。

Q7 セルフエステ／開設／ケガ・事故／契約書／説明義務

 　最近流行のセルフエステを開設しようと思います。注意点を教えてください。

≫Answer　セルフエステにおいては、お客様自身が施術をすることから、利用時に熱傷や神経損傷等の被害報告を受けることがあり得ます。そのため、エステ機器の使用に関する説明、注意事項および免責事項を含んだ契約書を交わすことが重要です。さらに、比較的、危険性の低いエステ機器を採用するなどしたほうがよいでしょう。

知　識　セルフエステとは？

　セルフエステについての明確な定義はないものの、一般的なエステサロンが「エステティシャンが化粧品やエステ機器等を使ってお客様に施術する」ものであるのに対し、セルフエステは「エステサロンが施設とエステ機器等を貸し出して、お客様が自身に対して施術する」ものという違いがあります。ここでいうセルフエステは、上記の通り、お客様が自身に対して施術をするという事業形態を指します。

　特定商取引法上のエステは「人の皮膚を清潔にし若しくは美化し、体型を整え、又は体重を減ずるための<u>施術</u>を行うこと」と定義されていますが、セルフエステでは他人による「<u>施術</u>」がないことが特徴です。

知　識　セルフエステの施術の流れ

① お客様がエステサロンの店舗に行き、店舗スタッフから、エステ機器の使用方法等の説明を受ける（説明は初回のみで、2回目以降は省略されることもある）。

② お客様がエステサロンの施設内の部屋に行き、設置されているエステ機器を使用する。

③ お客様は使用状況に応じた利用料金を支払う。

知　識　セルフエステ普及・人気の理由

セルフエステのサロンは、あくまでも施術を行う空間とエステ機器を貸し出すという立場です。そのため、施術にあたるエステティシャンを雇用する費用等を削減できるなどのメリットがあります。お客様にとっても、費用を軽減したり、施術部位を他人に見られずにすんだりといったメリットがあります。

エステサロン、お客様の双方にとってよいことが多そうなセルフエステですが、リスクもあります。

知　識　セルフエステによる火傷や神経損傷等の事故のリスク

近年、セルフエステにおける火傷や神経損傷等のリスクが報告されています。独立行政法人国民生活センターが発表している被害例としては、以下の通りです。

・エステ機器を自分で操作して顔に当てたところ、唇の神経を損傷した

・エステ機器を自分で操作して顔のリフトアップをしたところ、耳などに不調が生じた

・痩身エステで、ラジオ波や超音波が出る機器をあてたところ、脚

　に熱傷を負った

　このような場合、状況によっては、エステサロンの責任（治療費や慰謝料等）が問われる可能性があります。そのようなリスクを軽減するためには、どのようにすればよいでしょうか。

対応方法　契約書を交わす

　エステサロンとお客様の間で契約書を交わすことが重要です（書式例66ページ参照）。契約書には、セルフエステの利用方法（利用代金等）や手順、注意事項、エステ機器の使用方法等の説明、お客様の責めによって生じたケガ等についてエステサロンが責任を負わないこと（免責事項）などを定める必要があります。

　契約書において、あくまで、お客様の自己責任でエステ機器を使用するということを明確にしておくことで、法的にエステサロンが責任（治療費や慰謝料等）を負う可能性が低くなります。

対応方法　説明義務をきちんと果たす

　セルフエステの場合、一般的なエステサロンと異なり、エステティシャンによる施術がありません。あくまでもお客様自身が施術をすることになり、その点でいえば、原則、自己責任となります。

　しかしながら、セルフエステのサロンは、お客様に対し、エステ機器を安全に使用するための説明義務を負っていると考えられます。この説明義務をきちんと果たしていないと、説明義務違反ということで、お客様がケガを負った場合に、治療費や慰謝料を賠償することになる可能性があります。

　さて、初めて来店するお客様は、当然エステ機器を初めて使用する方が多いでしょう。そのようなお客様に対しては、エステサロン内で

明確なマニュアル等を作成して、丁寧に説明することが重要です。そして、説明をした事実をきちんと証拠として残す（説明を受けたらチェックする形式の書面を作成して、お客様に署名押印してもらうなど）ことも、非常に重要です。

　また、2回目以降は、エステ機器の使用に慣れてくるお客様もいるでしょう。初回の利用から少し期間が空いて、エステ機器の使用方法を忘れてしまったものの、「初回ではないから」と使用方法の説明を受けないで利用するお客様もいるかもしれません。そういったお客様への対応として、使用にあたっての注意書きを施設内に設置する（特にお客様がエステ機器を利用する空間に設置する）、説明動画を流す（少なくともお客様が利用する際に見られるようにしておく）などといった対応が必要です。

　いずれにせよ、お客様がエステ機器の利用方法をよくわからないまま利用する状態は避けなければなりません。

対応方法　危険の少ない機器等を選ぶ

　上記のような火傷や神経損傷といったケガが起きているのは、熱を発生させる部分を直接身体に触れさせる使用方法をとる、一部のエステ機器です。そういったことから、そもそもケガが起きにくいエステ機器を設置するといった対策が考えられます。

　例えば、必要以上の出力が出ない、必要以上の回数使用ができない、必要以上の時間使用ができない（そういった設定をするなど）、身体に直接接触しないといった機器を使用し、お客様がケガをしないように注意をすることが考えられます。

　ただし、実際、セルフエステでも人気のあるエステ機器は出力等が高いといわれているものが多く、それに伴ってケガをする危険性も高まります。危険性が低いエステ機器の設置は、結局のところ、お客様が望まない人気のない機器を揃えることになりかねません。その点は、

売上との関係で、なかなか難しいところです。

```
ま　と　め
```

　セルフエステを開設するにあたっては、お客様のケガや事故に十分注意します。そのためには、お客様との間で契約書を交わし、エステ機器の使用方法や危険性についての説明義務をきちんと果たさなければなりません。加えて、危険の少ないエステ機器を選ぶということも必要になるでしょう。

【書式5　セルフエステに関する契約書】

セルフエステに関する契約書 ●----

> 店舗の実情に合わせて契約内容を変更するようにしてください。

1 【契約の締結】

　　私（以下「お客様」といいます）は、本契約書の各条項の内容をよく確認したうえで、当サロンとの間で本契約を締結いたします。

2 【お客様が未成年者の場合】

　　お客様が未成年の場合は、お客様の親権者または未成年後見人による承諾（当サロン所定の親権者等承諾書）が必要となります。適切な親権者等承諾書が当サロンに提出された時点をもって本契約の成立とします。

3 【クレジットカードが利用できない場合】

　　お客様がクレジットカードで本契約の代金等を支払う場合において、お客様とクレジットカード会社との間の立替払契約が成立しなかった場合には、本契約は、遡って効力を失います。なお、この場合において、お客様とクレジットカード会社との立替払契約が成立しなかった理由は問いません。

4 【利用の手順】

　　当サロンでは、以下の通りの手順でお客様に当サロンを利用していただいています。

（1）申込・受付

　　当サロンを初めてご利用される場合には、本契約書の内容を理解していただき、契約締結後に当サロンをご利用いただきます。当サロンと契約していただいていない方は当サロンをご利用できません。

　　契約締結後は、所定の受付をしていただければ、当サロンをご

利用いただけます。

（2）利用時の注意

　当サロンに備えてある美容機器には、注意事項や使用手順を示した書面や動画があります。美容機器を利用する際には、事前に必ずこれらを確認し、内容を守ってご利用ください。なお、2回目以降のご利用の場合にも、注意事項や使用手順に変更がある可能性があります。注意事項や使用手順を確認できない場合には、スタッフに問合わせをしてください。

（3）利用の終了

　当サロンに備えてある美容機器を所定の位置等に戻していただき、部屋から退室してください。

5【利用上の注意】●-------

> 説明義務の中心となります。この点は強調して確認するようにしてください。

（1）当サロンを利用していただくためには、当サロン所定の利用料金を支払う必要があります。

（2）初回、2回目以降に限らず、美容機器を利用する際には、注意事項や使用手順を示した書面や動画を確認してください。なお、注意事項や使用手順が変更となる可能性があります。

（3）体質に合わないとき、体調が悪いときや美容機器を利用している最中に体調が悪くなったときには、美容機器の利用を中止してください。

（4）美容機器の調子がおかしい、不具合がある場合には、必ずスタッフにその旨伝えてください。また、お客様の利用中に美容機器を落としてしまったり、ぶつけてしまったりした場合にも、必ずスタッフにその旨伝えてください。

（5）当サロンに設置している美容機器は、別紙の通りですが、他の方の利用、美容機器の故障や入れ替え等によって、ご希望の美容機器を利用できない場合もありますので、予めご了承ください。

6 【利用料金】

利用料金は、以下の通りです。

〇〇コース　　　　　　　　円

〇〇　　　　　　　　　　　円

・・・・・　　　　　　　　円

7 【責任を負えない場合】

以下の場合には、当サロンは、お客様に対して賠償責任を負いません。

（1）美容機器の注意事項や使用手順と異なる方法によって美容機器を利用した場合におけるお客様の損害

（2）お客様の持ち物の破損や紛失によるお客様の損害

（3）お客様同士、または、お客様と第三者との間のトラブルによって生じたお客様の損害

8 【損害賠償責任を負ってもらう場合】

お客様の故意または過失により、当サロンの美容機器が破損・故障するなど当サロンが損害を被った場合は、お客様は、当サロンの損害を賠償する義務があります。また、お客様が美容機器の破損・故障を確認していたにもかかわらず、そのことを当サロンのスタッフに伝えなかったために発生した他のお客様の損害についても同様といたします。

9 【反社会的勢力の排除】

お客様は、次の各号にいずれも該当しないことを表明し、かつ、将来にわたっても該当しないことを確約します。

（1）暴力団、暴力団員、暴力団員でなくなったときから5年を経過しない者、暴力団準構成員、暴力団関係企業、総会屋等、社会運動等標ぼうゴロまたは特殊知能暴力集団等、その他これらに準ずる者（以下「暴力団員等」という）

（2）自己もしくは第三者の不正の利益を図る目的または第三者に

　損害を加える目的をもってするなど、不当に暴力団員等を利用
　　していると認められる関係を有すること
（3）暴力団員等に対して資金等を提供し、または便宜を供与する
　　などの関与をしていると認められる関係を有すること

10【反社会的勢力の排除】
　　お客様は、自らまたは第三者を利用して次の各号の一にでも該
　当する行為を行わないことを確約します。
（1）暴力的な要求行為
（2）法的な責任を超えた不当な要求行為
（3）取引に関して、脅迫的な言動をし、または暴力を用いる行為
（4）風説を流布し、偽計を用いまたは威力を用いて、相手方の信
　　用を毀損し、または相手方の業務を妨害する行為
（5）その他前各号に準ずる行為

11【契約期間】
　　お客様と当サロンとの本契約の契約期間は、契約日から1年間
　とします。契約終了日の1か月前までに、お客様または当サロン
　のいずれかから本契約を終了させる旨の連絡がない限り、本契約
　は、同一条件で1年間、延長されます。

12【中途解約】
　　本契約期間中に、お客様から本契約を解約する旨の連絡が当サ
　ロンにあった場合、当該連絡が当サロンに届いた日から1か月後
　に本契約は解除され、終了します。

13【利用の中止】
　　お客様が第9項または第10項の各号に該当した場合、本契約は
　解除とさせていただき、当サロンの利用をお断りさせていただき
　ます。その場合において、お客様に損害が生じたとしても、当サ
　ロンは一切、お客様の損害を賠償いたしません。

14【協議事項】

　本契約に定めのない事項または本契約の解釈に疑義のある場合には、お客様と当サロンは、その協議によって解決するよう努めます。

以上

年　　　月　　　日

お客様		会社名	
氏　名	印	代表者氏名	印
住　所		所在地	
電話番号		電話番号	

Q8 フランチャイズ契約

 セルフエステに関するノウハウがないので、フランチャイズ契約をして開業することを検討しています。注意すべきことはありますか？

≫ Answer フランチャイズ契約では、集客や施術に関するノウハウを得られる反面、高いロイヤリティ等を支払う必要があります。見込まれる売上とロイヤリティ等を勘案し、慎重に判断しましょう。

知　識　フランチャイズ契約を結ぶ

セルフエステを開業するにもノウハウがないといった場合に、手っ取り早いのが、大手の傘下に入る（フランチャイズ契約を締結する）ことだと思われます。この場合、大手サロンをフランチャイザー、加盟店をフランチャイジーといいます。

知　識　フランチャイズのメリット・デメリット

フランチャイズ契約をすると、大手エステサロンの名前を使うことができるため、集客が安定する可能性が高まります。また、ノウハウやマニュアルを提供してもらえるので、エステ機器の使用方法の熟知、説明義務を果たす方法、お客様への対応、エステサロンの経営方法と

いった情報の提供を受けることができます。

　しかしながら、フランチャイズ契約は良いことばかりではありません。上記のメリットを得るためには、月々の費用（ロイヤリティなどと呼びます）をフランチャイザーに支払う必要があります。

　結局のところ、フランチャイズ契約は、売上と経費とが釣り合っているか否かが大きなポイントとなります。

対応方法　フランチャイズ契約で確認するポイント

　フランチャイズ契約を結ぶにあたって、契約の条項は多岐にわたりますが、少なくとも、以下のポイントを確認して、売上と経費とが釣り合うか否かを判断することが重要です。

---

① 　提供されるノウハウや情報がどのようなものなのか

② 　テリトリー制の採用があるか

③ 　ロイヤリティはどの程度の金額か

---

① 　提供されるノウハウや情報がどのようなものなのか

　　フランチャイザーとしては、フランチャイズ契約前にノウハウを教えてしまっては元も子もありません。ですが、契約前でも、どのような項目についてのノウハウ・情報がフランチャイザーから提供されるのか、それらが自分（フランチャイジー）にとって必要なものかといった確認はできると思われます。

② 　テリトリー制の採用があるか

　　フランチャイズ契約におけるテリトリー制は、フランチャイザーが、フランチャイジーに対して、特定の地域や特定の期間の独占的な店舗運営を認めるというものです。例えば、「フランチャイザーがフランチャイジーＡに対し、○○県○○市にはＡのみの出店を認めるといった契約」に対し、「フランチャイザーがフランチャイジー

Aに対し、○○県○○市にはA以外にも、将来的にBにもCにも出店を認めるといった契約」では、どちらが有利でしょうか。多くのフランチャイジーが、前者のほうが有利であると考えると思います。前者の契約はテリトリー制を採用している、後者の契約はテリトリー制を採用していないなどといいます。フランチャイジーの立場からすると、テリトリー制を採用しているほうが有利です。

　なお、フランチャイズ契約とは直接の関係はありませんが、競合他社の有無も確認したほうがよいでしょう。自分が出店する地域に「競合他社がいない」のに対し、「競合他社であるX社が店舗を構えている」といった場合では、多くのフランチャイジーが、前者のほうが有利であると考えると思います。

③　ロイヤリティはどの程度の金額か

　ロイヤリティは、一言で言ってしまえば、大手サロンの看板を使ったり、ノウハウ・情報提供を受けたりすることの対価です。あくまで将来予測になりますが、自分がやろうとしているエステサロンの売上予測と経費を突き合わせ、どの程度であれば運営していけるのかといったことを考える必要があります。

　また、実質的なロイヤリティは、契約に定められた「ロイヤリティ」だけではないこともあります。例えば、フランチャイザーが提供する備品や看板等をフランチャイザーが指定する業者に依頼することになっていたり、化粧品やエステ機器をフランチャイザーから仕入れることとなっていたりと隠れた費用の負担が発生することがあります。

　ただ、結局のところ、フランチャイズ契約の前に、上記ポイントすべてを確認することは難しいので、少なくとも、可能な範囲で確認して、リスクを軽減するよう努めましょう。

　もちろん、フランチャイズ契約は、フランチャイザーが契約内容を定めており、契約変更できる可能性は低いです。それでも、自分で受

入れ可能な契約かどうかを決めることはできると思います。

```
┌─────────────┐
│  ま と め  │
└─────────────┘
```

　フランチャイズ契約を選択する際には、フランチャイズ契約における上記ポイント等を意識しながら、エステサロンを運営できるかどうかを検討することが大事になります。

【書式6 フランチャイズ契約書】

フランチャイズ契約書●----

> フランチャイズ契約の内容は多岐にわたります。今回お示しするものはあくまで一例と捉えてください。

　○○株式会社（以下「甲」という）をフランチャイザーとし、△△（以下「乙」という）をフランチャイジーとして、甲乙は、以下の通り、フランチャイズ契約を締結する。

第1条【契約の目的】

　　甲は、乙に対し、以下に定める規定に従い、甲が指定する□□□□という名称でエステサロンを営む権利を与える。

第2条【商号、商標等の利用】

　　甲は、乙に対し、甲が定めた商号、商標（サービスマークを含む）、ノウハウ等を使用することを許諾する。ただし、甲が定めた方法以外の使用方法で商号、商標等を使用する場合には、事前に甲の書面による承諾を要する。

第3条【テリトリー】●--------

> テリトリー制を採用しているか否かは、フランチャイジーにとっては大きな事項です。テリトリー制を採用している場合、一定地域に、同じフランチャイズの店舗は開店されないことになります。

　　甲は、乙のフランチャイズの営業のための地域（テリトリー）を○○△△と定める。甲は、乙のために、○○△△の地域では、乙以外のフランチャイジーに営業の許可をしない。

第4条【広告等の統一】

　1　乙は、エステサロンの広告をするにあたり、甲の指示に従い、統一した宣伝広告を行う。甲が宣伝広告の一環として、キャンペーンを行う場合、乙はその指示を受け入れる。

　2　乙は、事前に甲による書面の承諾なくして、乙独自にエステサロンの宣伝広告を行ってはならない。

　3　甲が行う宣伝広告の費用については、乙は、別途定める費用

を負担する。

第5条【内装、商品サービス等の統一】

　1　乙は、甲の指示に従い、店舗の内外装、エステのサービス内容、従業員のユニフォーム等を統一する。

　2　乙は、エステのサービスに利用する化粧品、マッサージオイル、美容機器等を甲から仕入れることとする。

第6条【開業指導・経営指導】●----------

> フランチャイザーはフランチャイジーに対して、開業指導や経営指導、その他のノウハウを提供します。これらが費用と釣り合って経営ができるかどうかが最も大切な部分です。

　1　甲は、乙がエステサロンを開業するにあたって、以下の開業指導を行う。

　　（1）立地条件の選定

　　（2）・・・

　　（3）・・・

　2　甲は、乙がエステサロンを開業した後も、○か月に1回、以下の経営指導を行う。

　　（1）エステサービスの改善のための指導

　　（2）・・・

　　（3）・・・

　3　乙は、甲が定期的に実施するエステに関する研修に参加しなければならない。

第7条【加盟金】●------------

> 加盟する際に発生します。契約と同時に発生する契約内容とすることもあります。

　　乙は、エステサロンを開業させた日の翌月末日限り、甲に対し、フランチャイズ加盟金として金○○○万円を支払わなければならない。

第8条【ロイヤリティー】●----------

> フランチャイザーに納めるロイヤリティーです。システム使用料等、他の名目で費用を納めさせるケースもありますので、他の費用も確認するようにしてください。

　　乙は、甲に対し、エステサロンを開業した後、毎月10日限り、

前月分の売上の〇〇％をロイヤリティーとして支払わなければならない。

第9条【権利の譲渡禁止】

　　乙は、事前に甲の書面による承諾を受けた場合でなければ、本契約に基づく一切の権利義務を第三者に譲渡してはならない。

第10条【秘密保持】

　　乙は、本契約期間中または契約期間後においても、本契約に基づいて知ったノウハウ、経営指導内容、研修内容等を第三者に開示・漏洩してはならない。

第11条【契約の有効期間】

　　本契約の有効期間は、〇〇年〇〇月〇〇日から1年間とする。ただし、契約期間満了の〇か月前までに、当事者の一方または双方から書面による契約終了の申出がない限り、自動的に1年間契約が延長されるものとし、その後も同様とする。

第12条【反社会的勢力の排除①】

　　乙は、乙または乙の代理人が次の各号のいずれも該当しないことを表明し、かつ、将来にわっても該当しないことを確約する。

（1）暴力団、暴力団員、暴力団員でなくなったときから5年を経過しない者、暴力団準構成員、暴力団関係企業、総会屋等、社会運動等標ぼうゴロまたは特殊知能暴力集団等、その他これらに準ずる者（以下「暴力団員等」という）

（2）自己もしくは第三者の不正の利益を図る目的または第三者に損害を加える目的をもってするなど、不当に暴力団員等を利用していると認められる関係を有すること

（3）暴力団員等に対して資金等を提供し、または便宜を供与するなどの関与をしていると認められる関係を有すること

第13条【反社会的勢力の排除②】

　　乙は、自らまたは第三者を利用して次の各号の一にでも該当する行為を行わないことを確約する。

（1）暴力的な要求行為

（2）法的な責任を超えた不当な要求行為

（3）取引に関して、脅迫的な言動をし、または暴力を用いる行為

（4）風説を流布し、偽計を用いまたは威力を用いて、相手方の信用を毀損し、または相手方の業務を妨害する行為

（5）その他前各号に準ずる行為

第14条【契約の解除】

　乙に、次の各号のいずれかに該当する事由が生じた場合、甲は、本契約を解除することができる。ただし、解除にあたっては、予め相当の期間を定めて催告したうえで解除の通知を行うものとする。

（1）本契約上の各条項に違反したとき

（2）第三者から差押え、仮差押え、租税滞納処分、破産手続開始、民事再生手続、会社更生手続開始または競売の申立てを受け、または自ら破産手続、会社整理、民事再生手続、会社更生手続の開始を申し立てたとき

（3）手形交換所において不渡処分を受けたとき

（4）甲の指導する経営方針に従わないとき

（5）甲の信用を著しく損なう行為をしたとき

（6）第12条または第13条に該当する事由が発覚したとき

（7）その他甲が前各号に準じると判断したとき

第15条【契約終了後の措置】

1　本契約が理由の如何を問わず終了した時点において、乙が甲に債務を負っている場合、当該債務の弁済期が到来しないものについても、乙は期限の利益を失い、直ちに弁済しなければならない。

2　本契約が理由の如何を問わず終了した場合、乙は、直ちに甲から使用を許諾された商号、商標、その他の標章の使用を停止し、乙の店舗、甲板、商号等からこれらを除かなければならない。また、乙は、甲から貸与されたマニュアルその他の資料を直ち

に返還しなければならない。

第16条【合意管轄】

　本契約ならびに本契約に基づき締結される諸契約（細則を含む）に関する訴訟については、フランチャイザーの本社所在地を管轄する地方裁判所をもって第一審の専属的合意管轄裁判所とすることに合意する。

第17条【協議事項】

　本契約に定めのない事項または本契約の解釈に疑義のある場合には、甲および乙は、その協議によって解決するよう努める。

以上

年　　月　　日

甲　　　　　　　　　　㊞

乙　　　　　　　　　　㊞

Q9 訪問・出張サービス／訪問エステ（出張エステ）

 来店形式ではなく、訪問形式のサービスを提供しようと考えています。注意することはありますか？

≫Answer 訪問形式（訪問エステ・出張エステ）の場合、エステティシャンがお客様の自宅やお客様の指定した場所に出向くという形態をとるため、移動や準備の負担、指定場所でのお客様とのトラブル等も予想されます。これらを想定した対策が必要になります。

─ 知　識 ─ 訪問エステ（出張エステ）の特徴

　訪問エステ（出張エステ）に定義はありませんが、次のような特徴を備えた事業形態であると考えられます。

・サロン用の店舗を構えない。または、サロン用の店舗等を構えたとしても、そこで施術をしない

・お客様の自宅、宿泊先、施設等、指定された場所にエステティシャンが出向く

・お客様の指定場所で施術する

　訪問エステ（出張エステ）は、サロン用の店舗を構えないことが多く、初期費用や賃料等の固定費を抑えられるため、メリットが大きい

事業形態といえます。

　しかしながら、お客様の指定場所に出向くことになるため、以下のようなトラブルも想定されます。十分に対策を練っておきましょう。

　対応方法　移動に関するトラブルへの対応策

　訪問エステ（出張エステ）に移動はつきものです。移動を伴うということは、次の点に気を付けなければなりません。

---

① 　移動時間を把握し、（次の）お客様が指定した到着時間を守る

② 　出張範囲を限定する

③ 　移動に伴う費用を料金に組み込む

---

① 　移動時間を把握し、（次の）お客様が指定した到着時間を守る

　持ち込む荷物が多いので、車移動になることが多いでしょう。その場合、移動時間を見誤り、予約時間に遅れたために、お客様の信用を失ったり、トラブルになったりすることもあります。余裕をもったスケジュールの組立てが必要になります。

　また、次の予約がある場合、お客様にもその旨を伝えておくと、時間の延長や追加のオプション等の話をうまく断ることができます。

② 　出張範囲を限定する

　移動自体は収益を生み出さない行為であると理解したうえで、対応可能な範囲を限定して営業したほうが効率的です。移動時間ばかり取られ、結局、施術数が少なくなっては本末転倒です。もちろん、お客様が複数いらっしゃる施設等の場合は、遠距離であっても、例外的に依頼を受けるといった考えもあり得るでしょう。

③ 　移動に伴う費用を料金に組み込む

　当然のことではありますが、出張範囲に応じて出張料を設定する

ようにします。また、あらかじめHP等に出張範囲と出張料を明記しておきましょう。

対応方法　準備する物が多いことによるトラブルへの対応策

訪問エステ（出張エステ）の場合、エステサロンでの施術と異なり、事前に必要な物を準備して、訪問することになります。エステティシャンがエステ用の道具の確認を怠ることは考えづらいですが、例えば、決済等をする際のことまでは意識が向いていないこともあります。

・領収書を求められたときに対応できるか
・クレジットカード決済用の端末（充電もしておかなければなりません）の準備はできているか　　など

対応方法　指定場所におけるお客様とのトラブルへの対応策

指定場所におけるトラブルは、訪問エステで最も注意が必要な点です。

① 事前にお客様と面談等をする、会員限定・紹介制等とする（信用できるお客様か）

訪問するエステティシャンとしても、お客様と初めて顔を合わせるときは緊張しますし、不安もあります。事前にお客様への問診等のために面談を行うと同時に、「どのような人なのか」「信用できそうか」など、できる限りお客様の人となりを確認したほうがよいでしょう。なお、面談まではできなかったとしても、Web会議システム等の顔の見える方法で話をしておくだけでも、効果があると考えられます。また、可能であれば、訪問エステは、会員限定、会員からの紹介限定とすれば、より安心です。

② 出張場所を限定する（自宅へは出張しない）

お客様の自宅での施術となると、何らかのトラブルがあったとき

に助けを呼ぶことが難しくなりますので、近くに第三者のいるホテルや施設など、出張場所を限定することも有効です。

　なお、担当者のスケジュールを他のスタッフ等に知らせておき、予定時間を経過したら連絡を入れてもらう、移動は2人以上で行うなどの自衛策をとることも必要でしょう。

③　異性へのサービスはしない（「女性限定」等）

　訪問エステ（出張エステ）を実施して、密室で異性とトラブルになると、非常に厄介です。特に、女性エステティシャンが男性のお客様のもとへ出張することは避けたほうがよいでしょう。HP等に「女性限定」などと掲げておくと、異性からの問合せはないでしょうし、仮に問合せがあったとしても、断ることができます。

ま と め

　訪問エステ（出張エステ）は、初期費用の負担等が抑えられるため、メリットのある事業形態です。しかしながら、一定の負担やリスクも発生します。負担やリスク軽減のためにどのような対策を講じるか（または、売上げ確保のためにどの程度の負担やリスクを受け入れるか）をよく検討し、サービスを構築しましょう。

Q10 エステで行える 施術の範囲／資格

 エステで行える施術はどの範囲までですか？　必要な資格等についても教えてください。

≫Answer　エステは美容を目的とするものなので、医師による医（療）行為（法令上は「医行為」、以下「医行為」といいます）に該当するような、病気の治療を目的とする施術はできません。また、健康増進を目的とするマッサージをすることもできません。

　さらに、美容目的であっても、理容師や美容師の資格が必要となる施術はできないことに注意してください。

知　　識　そもそも「エステ」の定義とは？

　エステ（エステティック）とは、「一人ひとりの異なる肌、身体、心の特徴や状態を踏まえながら、手技、化粧品、栄養補助食品および、機器、用具、等を用いて、人の心に満足と心地よさと安らぎを与えるとともに、肌や身体を健康的で美しい状態に保持、保護する行為をいう」（日本エステティック振興協議会）とされています。

　したがって、エステの主たる目的は美容となるため、その範囲を逸脱するような施術をすることはできません。具体的には、医師による「医行為」、あん摩マッサージ指圧師による「あん摩マッサージ指圧」です。また、美容を目的としたものであっても「美容師や理容師の行

う業務」までは行うことができません。

そこで、資格が必要とされる各種行為の確認を含め、エステで行える施術内容を確認していきましょう。

知　　識　医行為とは？

医行為とは、「医師の医学的判断及び技術をもってするのでなければ人体に危害を及ぼし、又は危害を及ぼすおそれのある行為」（医政発第0726005号平成17年7月26日）と定義されており、実際に行うことができるのは医師免許の国家資格をもった、医師のみになります。医行為は素手で行う手技にとどまらず、医薬品や医療機器を用いることも含まれます。すなわち、当該薬品や機器を使用する場合は、医師が行わなければなりません。

したがって、医行為とみなされるような施術や疾患の治療等を謳った表示は認められないことに注意が必要です。具体的には、上記の通り、医療機器や医薬品を用いた施術、強い痛みや体を侵襲する施術（皮膚を傷つけるような行為）、めまいやしびれが治るといった表示は認められないことになります。

知　　識　あん摩マッサージ指圧とは？

あん摩マッサージ指圧師の行う施術は、「体の痛みやこりなどの症状を訴える人たちに対して、主に手や指などを用いて押し・揉み・叩きなど力学的な刺激を身体に与える指圧・マッサージにより身体のこりをほぐし血行を良くしたり、脊椎のゆがみを矯正することにより、症状の緩和・改善、体力回復、健康増進を図る」（厚生労働省「jobtag」）と定義されています。あん摩マッサージ指圧師も医師と同様に、国家資格となります。

前記の医行為との境目は難しいところですが、施術内容の危険の大

きさが医行為より低く、手技による実施に限定される点と考えるとよいでしょう。

　また、施術の内容自体はエステとも似ていますが、大きく異なるのが目的です。エステは美容を目的としているのに対し、あん摩マッサージ指圧は身体の機能改善を目的として施術を行います。

　したがって、あん摩マッサージ指圧師の資格がないにもかかわらず、マッサージや腰痛改善、こりをほぐす等といった表示や施術はできないこととなります。

知　　識　　美容師と理容師の業務

　美容師は美容を目的とする施術を行いますが、ここにいう美容とは「パーマネントウェーブ、結髪、化粧等の方法により、容姿を美しくすること」（美容師法2条1項）と定義されています。美容師資格も国家資格です。エステと同様に美容を目的としていますが、美容師の施術の対象は、基本的に首から上、主に髪の毛や化粧によるメーキャップ、まつげエクステ等となります。

　他方で、理容師も美容を目的としますが、その方法としては、「頭髪の刈込、顔そり等の方法により、容姿を整えること」（理容師法1条の2第1項）と定義されています。理容師も、美容師と同様に毛髪等を対象として施術を行い、容姿を整えるとされていますが、美容師と異なるのは、かみそり等を用いて肌に触れ、毛を剃ることが認められていることです。これは、顔に限らず、体にも行うことができます。なお、理容師資格も国家資格となります。

　美容師と理容師の資格がなければできない施術は、エステでは当然、実施できないことに注意してください。

　それでは、具体的にエステでの施術がどこまで認められるのか確認していきます。

対応方法　ネイルサロンの場合

　爪の手入れや装飾を施すことは、基本的に資格を必要としません。もっとも、最近では民間での資格があり、スタッフを雇う際はこれらの資格取得を条件とするネイルサロンが多いようです。

対応方法　ヘッドスパの場合

　頭皮のマッサージを行うヘッドスパには、ドライヘッドスパとウェットヘッドスパがあります。

　ドライヘッドスパであれば、資格がなくても実施できます。ただし、頭のこりをほぐす、血行を促進するといった体調や代謝の改善を目的とするものは、あん摩マッサージ指圧師の資格が必要であるため実施できません。リラックスや安らぎを与えること等を目的として実施するのが限度でしょう。

　他方でウェットヘッドスパの場合、洗髪を行うことから、実施には美容師または理容師の資格が必要となります。

対応方法　痩身エステ・ボディエステの場合

　体や二の腕、太もも等に施術を行うエステです。

　施術にあたっては、保湿剤等の化粧品を用いたり、マッサージ（※体調改善や不調の解消を目的とするものではなく、化粧品を馴染ませたり、リラクゼーション等を目的とする範囲にとどまるものをいいます）を行ったりしますが、これらの施術に資格は不要です。

　一方で、体のシェービングに関しては、理容師の資格が必要となります。ただし、美容機器にとどまるのであれば、脱毛器を使用することは可能です。また、医薬品や医療機器の使用は医行為となるため、認められません。

対応方法　フェイシャルエステの場合

　フェイシャルエステは、首から上の部位に施術を行うエステです。施術には、痩身エステ・ボディエステと同様、化粧品を用いたり、マッサージ（体調改善や不調の解消を目的とするものではなく、化粧品を馴染ませるなど、リラクゼーション等の範囲にとどまるものをいいます）を行ったりしますが、これらの施術に資格は不要です。

　ただし、頭髪や睫毛、眉毛にシャンプー等の化粧品を用いたり、濡らしたりする行為は理容師や美容師の施術の範囲となるため、行えません。シェービングについても、痩身エステ・ボディエステと同様、理容師の資格が必要となりますが、美容機器で脱毛するのであれば資格は不要です。

対応方法　その他注意すべき施術

　その他に注意すべき施術としては、頭皮に化粧品を塗布する行為があります。理容師や美容師に認められた施術の範囲となるおそれがあるため、基本的にはNGと考えたほうがよいでしょう。

　また、昨今流行っている幹細胞培養上清液を配合した化粧品やCBDを配合した化粧品は、通常の化粧品と同様に用いることができますが、これらはあくまで化粧品の範囲内として用いることが重要です。間違っても疾患の治療や体質の改善等といった目的での使用は行わないようにしましょう。医行為の施術の範囲に該当するおそれがあります。

　また、施術ではありませんが、栄養指導を行うこともあると思います。こちらに関してもあくまで美容の範囲で行う必要があり、疾病の治療や体調の改善を目的とするような指導は、医行為にあたる可能性があるので注意してください。必然的に医薬品を用いるような指導は認められないことになります。

ま と め

　エステはお客様の体に直接触れる行為であるため、施術できる範囲に関して厳しいルールがあります。資格が必要となる施術をしっかりと確認し、サービスを提供するようにしましょう。

・→・施術内容・→・■・

Q11 美容機器／輸入／使用・販売にあたっての制約

海外から美容機器を輸入して、エステサロンでの施術に使う予定です。また、お客様に好評であれば、エステサロンでの販売もしたいと考えています。注意することはありますか？

≫Answer 当該美容機器が、日本における薬機法上の医療機器に該当しないものであることが必要です。医療機器に該当するおそれがある場合等には税関で止められることもあるので、事前に薬務課に連絡し、確認をとっておきましょう。

知　　識　美容機器と医療機器の違いとは？

　薬機法は、「医薬品・医薬部外品・化粧品・医療機器・再生医療等製品」の５つを規制対象としています。そして、「医療機器」は「人若しくは動物の疾病の診断、治療若しくは予防に使用されること、又は人若しくは動物の身体の構造若しくは機能に影響を及ぼすことが目的とされている機械器具等（再生医療等製品を除く。）であつて、政令で定めるもの」（同法２条４項）と定義されています。

　他方で、美容機器は薬機法で規制される対象には含まれず、法律上明確な定義はされていません。一般的に、医療機器以外の美容・健康関連機器に当たり、「雑品」として分類されることとなります。医療機器ではなく、雑品として扱われるのであれば、薬機法の規制はなく、

比較的自由に販売や使用ができることになります。

知 識 医療機器に該当するとどうなるか？

薬機法上の医療機器に該当する場合は、販売と使用という2つの観点から規制が入ります。

まず、医療機器を販売する場合ですが、医療機器の種類に応じた製造販売業の許可を受けた者でないと、製造販売をしてはならないことになっています。また、医療機器の品目ごとに、その製造販売について厚生労働大臣の承認を受けなければなりません。これは、外国の事業者も同様で、当該医療機器の製造販売をすることへの承認を受けることができます。したがって、医療機器を輸入することとなった場合、税関に対し、厚生労働大臣から製造販売の承認を得ていることを示す必要があります。

次に、医療機器を使用する場合ですが、医療機器を用いた施術は基本的に「医行為」として扱われるため、医師でないと施術が認められないこととなります。そのため、エステサロンで使用する目的で医療機器を輸入することはできません。

このように医療機器を輸入する場合には、大きな制約があります。

対応方法 医療機器を輸入する場合

税関からは、輸入をした人が当該医療機器を販売するのか、使用するのか、判断のしようがありません。

仮に当該医療機器を販売する（＝流通経路に乗せる）のであれば、同人が製造販売業の許可を有することを証明する書類の提示が必要です。それが提示できない場合は、税関に引き渡してもらえません。

また、エステサロン内で顧客への施術をする際に利用するだけで、国内で販売することはしない場合についても、当該機器が医療機器に

該当する場合、当該機器を利用した施術は、医行為に該当することとなります。その場合、エステサロンではなく、医師のいるクリニックでなければ当該機器を用いた施術ができないため、税関で医師免許等輸入に必要な書類の提示が求められることとなり、提示できなければやはり引渡しがされないこととなります。

　以上の観点から、当該機器が医療機器に該当するおそれがあれば、税関に対して「販売等はせず、エステサロン内で施術に使用するため」と説明しても引き渡してもらえないこととなり、最終的に輸入はできないこととなります。

対応方法　安全に輸入する方法

　医療機器に該当する、もしくはその疑いがある場合、税関において止められてしまいます。そこで輸入者は、各都道府県等の医療機器の判断をする担当部署（通常、「薬務課」と呼ばれています）にて、当該機器が薬機法上の医療機器に該当せず、雑品であることを確認してもらう必要があります。

　確認には、当該機器の概要、性質、効能効果等を客観的資料に基づいて説明することが必要となるので、取扱説明書等の資料を準備しておきます。なお、日本語訳が必要な場合もあるので、その点はメーカーに確認をとるとよいでしょう。薬務課から医療機器には該当せず、雑品であるという判断がされれば、税関にその旨伝えることで、晴れて輸入できることとなります。

　もっとも、説明を尽くしても、医療機器であるとの判断がなされる場合もあります。すると、輸入者としては、せっかく費用をかけて輸入してもメーカーに返送することとなり、エステサロンで利用できなくなります。このような事態を防ぐために、輸入をする前に、当該機器について薬務課に判断を仰いでおき、医療機器に該当しないことを確認しておくことをおすすめします。

Q12 化粧品／販売／許可が必要なケース

 施術で使用している化粧品を、エステサロンで販売しようと思っています。必要な許可や、販売する際に気を付けることはありますか？

≫Answer 国内で製造した化粧品を販売・授与する場合や、海外から輸入した化粧品を販売・授与する場合には、薬機法上の許可が必要です。

> 知　　識　化粧品とは？

　医薬品や化粧品等に関する法律である薬機法２条３項において、『「化粧品」とは、人の身体を清潔にし、美化し、魅力を増し、容貌を変え、又は皮膚若しくは毛髪を健やかに保つために、身体に塗擦、散布その他これらに類似する方法で使用されることが目的とされている物で、人体に対する作用が緩和なものをいう。』と定義されています。

　施術で使用している化粧品をエステサロンで販売する場合、その販売方法等によっては、薬機法の関係から、製造販売業許可、または製造業許可を取得する必要がある点に注意してください。

> 知　　識　製造販売業許可と製造業許可

製造販売業許可とは、製品を市場へ出荷するための許可となります。

この許可では、製造（包装・表示・保管のみを行う場合を含みます）を行うことはできません。製造販売業者は製品に対しての最終的な責任を負う者として、製品の品質や安全性に関する情報の収集・分析・評価を行い、必要な措置を講じることが求められます。

　これに対し、製造業許可とは、製品の製造（包装、表示、出荷判定前の保管を含みます）を行う許可となります。この許可では、製品を市場へ出荷することができません。製造した製品は、製造販売業者または製造業者に対してのみ販売・授与することができます。

> **知　　識**　薬機法上の許可が必要な場合とは？

	仕入れ		販売	
(1)	市販の化粧品	✖	市販の化粧品	➡ 許可不要
(2)	他社に製造を委託	✖	自社製品として販売	➡ 化粧品製造販売業許可
(3)	自社で製造	✖	自社製品として販売	➡ 化粧品製造業許可 化粧品製造販売業許可
(4-A)	海外製品を自社で輸入	✖	自社製品として販売	➡ 化粧品製造業許可 化粧品製造販売業許可
(4-B)	他社に輸入を委託	✖	自社製品として販売	➡ 化粧品製造販売業許可

　（1）は、例えば、施術において市販の化粧品を用いており、その化粧品をそのままサロンで販売するケースです。国内の化粧品製造販売業者から製品を仕入れて、表示・包装を一切変更せず販売するのであれば、薬機法上の許可は不要となります。

　（2）は、化粧品製造業許可を有する他社に化粧品の製造を委託し、それを自社の製品として販売するケースです。この場合、化粧品製造販売業許可が必要となります。無許可で販売すると、3年以下の懲役もしくは300万円以下の罰金（またはその両方）が科されます。

　（3）は、自社で製造し、自社の製品として販売するケースです。

この場合、化粧品製造業許可と化粧品製造販売業許可の両方が必要になります。

　製造するに際して、既に化粧品製造業許可は取得しているでしょうが、エステサロンで販売する商品が自社製造製品であれば（エステサロンで販売するということであれば）、さらに化粧品製造販売業許可も必要ということになります。

　(4)は、施術で用いている化粧品が輸入品であるケースです。（4-A）のように、自社で輸入し、自社の製品としてエステサロンで販売する場合は、化粧品製造業許可と化粧品製造販売業許可の両方が必要になります。(4-B)のように、化粧品製造業許可を有する他社に輸入を委託し（製品の保管を伴う場合に限ります）、自社の製品として販売する場合は、化粧品製造販売業許可が必要になります。

ま と め

　エステサロンを主な事業としている場合、実際に製造業や製造販売業の許可を取得するのは現実的ではない場合が多いと思われます。卸業者やメーカーから購入した化粧品をそのままお客様に販売するのであれば特に許可は不要となりますので、その範囲にとどめるのが無難と考えられます。

【書式7　特定商取引法に基づく表記】

特定商取引法に基づく表記

前提として、この「特定商取引法に基づく表記」を掲示しなければならないのは、通信販売をする場合です。エステサロンが、サロンのサービス以外に、ECサイトなどを運営し、商品を販売するような場合には、こちらの表記をする必要があります。

特定商取引法第11条に基づき、以下の通り記載します。

特定商取引法に基づく表記	
販売事業者名	株式会社○○○○
責任者	代表取締役　○○ ○○
所在地	〒○○○-○○○○ ○○○○○○
電話番号	○○○○-○○○-○○○
メールアドレス	○○○○@○○○○.com
お問合せ	お問合せは上記メールアドレスまたは以下「お問合せフォーム」よりお気軽にお問い合わせください。 ○○
サイトURL	○○
販売価格	商品ごとに記載しております。
商品代金以外の必要料金	・消費税 ・送料 ・支払手数料 ・キャンセル料は商品価格の○○％ 詳細は「お支払いについて」のページでご確認ください。
支払方法、支払手数料、支払時期	・クレジットカード決済（対応カード会社名） 　手数料：○円 　支払時期：○○ ・コンビニエンスストア店頭決済（対応コンビニエンスストア名） 　手数料：○円 　支払時期：○○ ・代金引換 　手数料：○円 　支払時期：○○
	等

商品引き渡し方法	ご注文完了後、運送会社による配送となります。 運送会社：○○株式会社
送　料	送料は、全国一律○円です。
引き渡し時期	商品のお届けは、ご注文完了後、○日前後で発送いたします。 ただし、予約商品、発送日の指定がある商品は、商品ページに記載されている発送時期をご確認ください。 <div align="right">等</div>
返品・不良品について	「不良品・当社の商品の間違い」の場合は当社が負担いたします。 配送途中の破損などの事故がございましたら、弊社までご連絡ください。 送料・手数料ともに弊社負担でご連絡から○日以内に新品をご送付いたします。 【返品対象】 「不良品・当社の商品の間違い」の場合 【返品時期】 ご購入後○日以内にご連絡があった場合に返金可能となります。 【返品方法】 カスタマーセンターへご連絡いただくか、返品受付フォームでご連絡ください。 カスタマーセンター：○○ 返品受付フォーム：○○
商品に関する注意書き	○○

Q13 仕入先からの商品の 販促指示／最低販売価格

エステサロンで使用しているオイルや化粧品の仕入先であるA会社から、お客様に商品を積極的に売るように言われていますが、最低販売価格が決められており、その価格よりも安く売ることはできません。最低販売価格の定めは守らなければならないのでしょうか？

≫ Answer A会社が定める最低販売価格は、再販売価格の拘束（独占禁止法）に該当すると考えられ、違法となる可能性が高いです。そのため、エステサロンは、法的には最低販売価格を守る必要はありません。

知　　識	最低販売価格を定める背景

　そもそも、なぜA会社は、オイルや化粧品の最低販売価格を定めているのでしょうか。

　A会社からすれば、販売価格を下げないことによって、安売りをされることがなく、企業や商品イメージといったブランド力を維持することができます。また、最低販売価格を定めていれば、価格競争がなくなり、A会社の利益が安定します。

　これは、A会社がインターネット通販において、系列のエステサロンは店頭において、同じ商品を販売しているケースなどで違いが出ます。A会社のインターネット通販と他のエステサロンが、同じ最低販

売価格で販売していれば、A会社は商品を安定して売り上げることができます。それに対し、A会社以外のエステサロンが安売りをしていると、エステサロンでの売上が上がることになり、A会社の売上は伸びません。A会社としては、エステサロンへの卸売価格よりも、一般ユーザーへの販売価格のほうが高い（利益が出る）のですから、最低販売価格があったほうが、利益が出ることになります。

知　識　最低販売価格を定めることの問題点

　最低販売価格を定めることはA会社にとっては利益になりますが、消費者にとってはマイナスとなります。なぜなら、価格競争があったとすれば、消費者は同じ商品をもっと安く買うことができるにもかかわらず、A会社が最低販売価格を定めていることによって、同じ商品を高い価格で買わされることになるからです。このように自由な価格競争が阻害され、消費者が害される点が問題です。

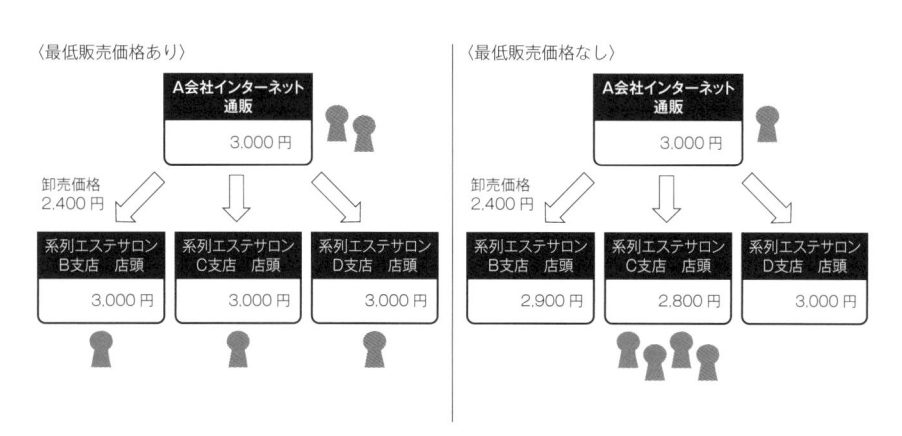

　独占禁止法上の再販売価格の拘束は、設問のように直接的にされることもあれば、間接的になされることもあります。
　例えば、メーカーが希望小売価格を定めている場合を例にあげて説明します。通常、希望小売価格というのは、あくまで、メーカーが希

望している価格であり、販売店等は、希望小売価格よりも低額で販売することも可能です。しかし、メーカーが希望小売価格を示したうえで、販売店等が希望小売価格よりも低額で販売した場合に、希望小売価格で販売するように指示してきたり、商品を販売しない等の圧力をかけてくる場合も、再販売価格の拘束に該当する可能性があります。

　行為全体を見て、再販売価格の拘束を行っているかを判断することもありますので、直接的に最低販売価格を決めていないからといって、独占禁止法上、問題とならないわけではありません。

> ### 知　識　独占禁止法上の規制は市場シェアを問わない

　上記のような問題点があることから、独占禁止法では最低販売価格を定めるような行為を「再販売価格の拘束」として、禁止しています。この再販売価格の拘束は、市場シェアが高くない事業者にも適用されるので、今回のA会社が大きな化粧品メーカーでなかったとしても、独占禁止法違反となる可能性は高いと考えられます。

> ### 対応方法

　仕入先からの販売価格の指定はこのように法律に反する行為であるため、従う必要はありません。そして、その結果、仕入先から取引を中止されたりする等の事実上の罰則的対応がなされた場合、公正取引委員会に速やかに相談をするようにして、対応するのがよいでしょう。

Q14 化粧品／転売の可否／パッケージ変更

> 高いシェアを占める有力なメーカーから購入した室温保管可能な化粧品について、転売禁止と記載がありましたが、思いのほか在庫が余ってしまったので、自社商品に見せるために、パッケージの表示を変えてネットオークションやメルカリで販売したところ、メーカーからクレームがありました。転売をしてはいけないのでしょうか？

≫Answer 転売禁止との記載があったとしても、高いシェアを占める有力なメーカーが契約に条件を付けており、かつ、化粧品に特殊な保管方法等がない限り、独占禁止法の観点から当該記載の有効性が認められない可能性が高いです。その場合、契約条項が有効でなくなるため、売却（転売）できるものと考えられます。

　また、メーカーから購入した化粧品につき、パッケージを変更するなどしたうえで販売をする場合は、化粧品の製造行為に該当する可能性が高く、薬機法上の許可が必要です。

知　識　転売の可否

　メーカーや卸売業者等においては、例えば、自社商品の値崩れを防ぐためや、品質確保、ブランドイメージの維持等のために、化粧品といった商品につき「転売を禁止したい」と考え、「転売禁止」を条件

として販売することがあります。

　ただし、当該条件を付した場合、独占禁止法上の問題が生じることが考えられます。

知　　識　独占禁止法上の規制

　独占禁止法は、公正かつ自由な競争を促進し、事業者が自主的な判断で自由に活動できるようにすることを目的としています。

　事業者が自主的な判断で自由に活動できれば、事業者が自らの創意工夫により、より安くて優れた商品を提供して売上を伸ばそうとすることが期待され、消費者はニーズに合った商品を選択することができ、ひいては消費者の利益が確保されることにもなります。

　独占禁止法の規制内容として、次のようなものがあります。

　　　・私的独占の禁止
　　　・不当な取引制限（カルテル）の禁止
　　　・事業者団体の規制
　　　・企業結合の規制
　　　・独占的状態の規制
　　　・不公正な取引方法の規制

　独占禁止法により、「不公正な取引方法」が規制されているところ、不公正な取引方法の1つに、「拘束条件付取引」というものがあります（独占禁止法2条9項6号ニにおいて、「相手方の事業活動を不当に拘束する条件をもつて取引すること。」が、「不公正な取引方法」に当たるとされています）。

対応方法　独占禁止法違反になるかの判断が必要になる

　販売方法を制限・禁止する拘束条件付取引につき、公正取引委員会

は、「販売方法を制限することが、商品の安全性、品質の保持、商標の信用の維持等、当該商品の適切な販売のために合理的な理由が認められ、なおかつ、ほかの小売店に対しても同等の条件が課されている場合、独占禁止法上の問題は生じない」との回答を公表しています。

　販売方法の制限・禁止としては、「転売禁止」と全面的に他者への販売を禁止するもののほか、例えば、「インターネットでの販売禁止」、「国外への販売禁止」とするものなど、様々なものがあります。

　設問のように、高いシェアを占める有力なメーカーが、「転売禁止」と、全面的に、一律に他社への販売を禁止する場合、当該制限を設けるにつき、相当程度の合理的な理由が必要であると解されます。

　今回のように、転売禁止との記載があったとしても、高いシェアを占める有力なメーカーが禁止を求めていること、室温で保管でき、特殊な管理が必要でない化粧品であることを考慮すると、販売を制限するための合理的な理由は見出し難く、「転売禁止」との条件は独占禁止法に反し無効であり、オークション等で販売できるものと考えられます。

　ただし、最終的には、公正な競争を阻害するか、市場閉鎖効果が生じるか、制限の目的は何か等を踏まえ有効性が判断されるところですので、その点には注意が必要です。

　化粧品は使用期限が長いものが多いので、自身で販売する方法以外に、卸に返品できるか確認してみるのもよいと思います。

> **対応方法**　化粧品のパッケージ変更を行うには許可が必要となる

　薬機法は、化粧品の包装を変更する場合、製造行為に該当すると定めています。製造というと化粧品を原料から製品に製造することを想定しますが、化粧品に関しては、その包装を変更する行為も、製造行為に該当することに注意が必要です。

　そして、化粧品の製造行為を行う場合、行政から製造業の許可を取

得する必要があり、許可なくして製造行為はできません。

　上記の通り、化粧品のパッケージを変更する行為は、製造行為にあたり、許可を取得する必要があります。そのため、エステサロンにおいて化粧品製造販売の許可がなければ、設問のように販売目的でパッケージを変更し、販売する行為は認められないことになります。ただし、エステサロン内で使用するために、見分けを付け易くする目的でパッケージに印をつける等の変更は、販売を目的とするものでないため、製造行為にはなりません。

ま と め

　設問のケースでは転売禁止との条件が無効になる可能性が十分にあります。とはいえ、化粧品のパッケージを変更して販売する行為は製造行為に当たり、許可を得ずに行うことはできませんので、ご注意ください。

Q15 化粧品／調合／使用・販売

当エステサロンでは、お客様に使用するオイルは、市販のボディオイル等を調合したものを用いています。先日、お客様から、このオイルを売って欲しいとお願いされたのですが、問題ないでしょうか?

≫Answer 薬機法上の許可を得ずに販売した場合、違法となるおそれがあります。

知 識 薬機法適用の可能性

医薬品や化粧品等に関する法律である薬機法2条3項において、『「化粧品」とは、人の身体を清潔にし、美化し、魅力を増し、容貌を変え、又は皮膚若しくは毛髪を健やかに保つために、身体に塗擦、散布その他これらに類似する方法で使用されることが目的とされている物で、人体に対する作用が緩和なものをいう。』と定義されています。

薬機法上の化粧品に該当する場合、当該化粧品を製造や販売するにつき、基本的には許可が必要となります。

なお、薬機法上の化粧品に該当しない場合(いわゆる「雑貨」である場合)は、薬機法上の許可は不要となります。

設問のオイルが化粧品に該当するか否かですが、例えば、人体に直接塗布等をせず空中に散布するもの(空間芳香用のアロマオイル等)

であれば雑貨に該当する可能性が高いです。

　しかし、お客様に使う、すなわち、人体に直接塗布するようなもの（マッサージ用のアロマオイル等）ですと、薬機法上の化粧品に該当する可能性が高いといえます。

知　識　化粧品の製造・販売についての許可

　設問のオイルが化粧品に該当する場合、製造や販売をするにつき、薬機法上の許可が必要になります。

　なお、化粧品であったとしても、市販されている商品を購入し、それをそのまま（市販されている商品として）販売する場合は、薬機法上の許可は要りません。

　しかし、設問の例では、市販された商品をそのまま用いておらず、「調合して」使用しているとのことです。自身が「調合している」部分が「製造」に当たる場合は「製造業許可」が、そしてそれを「販売」する場合については「製造販売業許可」が必要になります。

　薬機法における「製造」は、製品を実際に製造することのほか、製品の包装・表示・保管などの工程のみを行う場合も含むとされており、広い概念ですので、ご注意ください。

対応方法　お客様に売らず、エステサロンでのみ使用する場合

　設問の例で、お客様には売らず、自身のエステサロンでのみ使用するとしている場合はどうでしょうか。

　販売をしないのであれば、製造販売業許可は不要であると考えられます。また、製造とは、「製品」を実際に製造することであり、「製品」とは一般に流通することが予定されているものとなります。そのため、自身のエステサロンで使用しているだけであれば、「調合する」ことにつき、「製造」には該当せず、製造業許可も不要であるとの考えも

あり得ます。

　しかしながら、先に見た通り、製造は広い概念であり、また、設問の例では、オイルを自己使用しているわけではなくお客様に使用しているということですので、販売をしていなくても製造業許可が必要であると判断されることが考えられます。この点は、調合の程度等も影響してくると思われます。

　また、薬機法の許可とは別の問題として、市販のボディオイル等は、通常、そのまま用いることが予定されており、調合することは予定されていないでしょう。自分自身で勝手に調合した場合、思わぬ健康被害が生じ、お客様に被害・損害を与えてしまうおそれがありますので、その点に十分に留意する必要があります。

まとめ

　このように、市販のボディオイルを調合し、販売する場合、製造業許可や製造販売業許可が必要になることが考えられます。

　何より、調合が予定されていない物を調合しお客様に用いる場合、思わぬ健康被害が生じるおそれがありますので、十分にご注意ください。

Q16 福袋／金券等の目玉商品

エステサロンにおいて、普段サロンで販売している商品の福袋企画を考えているのですが、何か注意することはありますか？

また、"当たり"として旅行券等も入れて販促を図りたいのですが、問題はありますか？

≫Answer 「○円相当」とPRして福袋を売り出す場合、その金額をまったく満たさない金額相当の商品しか入れないことは、優良誤認表示となるおそれがあるので注意してください。また、賭博罪の構成要件に該当することを防ぐため、福袋には、福袋の販売価格を常に上回る商品を入れるようにしておくことも必要です。

さらに、旅行券を入れるのであれば、旅行会社から直接購入したものにしましょう。

知　識　景品表示法の有利誤認表示・優良誤認表示

景品表示法では、有利誤認表示や優良誤認表示といった不当表示を禁止しています。

① 有利誤認表示

有利誤認表示とは、事業者が、自己の供給する商品・サービスの取引において、価格その他の取引条件について、一般消費者に対して行う、以下に該当するような表示をいうとされています。

> ① 実際のものよりも取引の相手方に著しく有利であると一般消費者に誤認される表示
> ② 競争事業者に係るものよりも取引の相手方に著しく有利であると一般消費者に誤認されるものであって、不当に顧客を誘引し、一般消費者による自主的かつ合理的な選択を阻害するおそれがあると認められる表示

② 優良誤認表示

優良誤認表示とは、事業者が、自己の供給する商品・サービスの取引において、その品質・規格その他の内容について、一般消費者に対して行う、以下に該当するような表示をいうとされています。

> ① 実際のものよりも著しく優良であると示す表示
> ② 事実に相違して競争関係にある事業者に係るものよりも著しく優良であると示すものであって、不当に顧客を誘引し、一般消費者による自主的かつ合理的な選択を阻害するおそれがあると認められる表示

　例えば、実際には1,000円相当の内容物しか入っていない福袋を3,000円相当だと表示して販売したとします。お客様からすれば、実際のものよりも2,000円程度は良いものが入っているとの誤解をもって福袋を購入することになるので、「3,000円相当」という表示は優良誤認表示に該当し、景品表示法に反することとなります。

知　識　福袋は「賭博」に該当し得る

　刑法185条では、「賭博をした者は、50万円以下の罰金又は科料に処する。ただし、一時の娯楽に供する物を賭けたにとどまるときは、こ

の限りでない」と規定しています。そして「賭博」とは、「偶然の結果によって財物の得喪を争う行為」とされています。

　ここで、福袋について厳密に検討してみましょう。福袋は、販売価格よりも内容物の合計額が高い場合、購入者は販売者に対して得をします。逆に、販売価格よりも内容物の合計額が安い場合、購入者は販売者に対して損をします。福袋の販売価格と内容物の合計額のどちらが高いか安いかは、購入者がくじ引きと同じ要領で、購入する福袋を選んだ時点で決まります。つまり、このような福袋の選択は、偶然の結果によって、購入者と販売者の間で得喪のやりとりが生じることになり、「賭博」の定義に該当するのです。

　エステサロンを運営するにあたり、お客様に「賭博」に当たる行為をさせることは避けるべきです。そのためには、お客様がどの福袋を選んだとしても、エステサロンとお客様との間の得喪が一致するようにしましょう。得喪を一致させるとは、常にお客様が得をするか、常にお客様が損をする状態を作ればよいということです。

　もっとも、仮にお客様が常に損をする場合、販売価格以下の商品を入れることになります。しかし、合計額相当額をPRすることを踏まえると、販売価格以下の金額をPRしても誰も買ってくれないでしょうから、お客様が常に得をする、販売価格以上の商品を入れておくことになります。また、実際の合計額相当額よりも高い金額の内容物が入っていると表示すれば、前述の通り、優良誤認表示となってしまいます。

　福袋企画を考える場合には、このような点にも気を配るようにしましょう。

［知　識］　旅行券の入手経路にも注意

　「当たり」をつくる趣旨で、販売する福袋のうちのいくつかに旅行券など目玉商品を入れる経営戦略もあり得ます。目玉商品が、普段エ

ステサロンで販売している高価格帯商品などであればそこまで問題は
ありませんが、訴求力・注目度を高めるために旅行券等を入れること
もあるでしょう。そういった場合、旅行券は金券という扱いになるの
で、入手経路に注意が必要です。

　というのも、巷の金券ショップなどで旅行券を販売している業者は、
古物商の営業許可を得ているので、一度流通した旅行券等も販売でき
ますが、古物商の営業許可を得ていない業者が一度流通した旅行券を
取り扱うことは、古物営業法に反します。そのため、旅行券を仕入れ
るのであれば、旅行会社から正規で買い受け、流通に一度も置かれた
ことのないものにしましょう。

まとめ

　今回の設問では、エステサロンを運営するにあたって、普段あまり
気に留めないような法律問題を取り上げました。このように法律問題
が潜んでいないように見えるところにも、思わぬ論点が存在するので、
新たな企画を始める際には、あらゆる観点から法的問題の有無を検討
するようにしましょう。

Q17 化粧品のプレゼント

 施術を受けてくださったお客様に、もれなく化粧品をプレゼントしようと思うのですが、何か注意すべきことはありますか？

≫Answer 景品表示法は、過大な景品類の提供を規制しています。高価なプレゼントはこれに抵触するおそれがあるので注意してください。

知　　識　　提供できる景品類の限度額

　施術を受けてくれたお客様に、もれなく化粧品をプレゼントするというビジネス上の施策は、顧客の誘因や顧客満足の点で有益かもしれません。このような景品類の提供が一切禁止されているわけではありませんが、「過大な景品類の提供」については規制が及びます。

　設問では、「化粧品」が景品表示法における「景品類」に該当するものと思われます。そして、「もれなく」プレゼントする場合、その景品は、いわゆる「総付景品」と呼ばれるものになります。景品表示法は、総付景品につき、次のように景品類の限度額を定めています。

・取引価額が1,000円未満の場合、景品類の最高額は200円
・取引価額が1,000円以上の場合、景品類の最高額は取引価額の10分の2

　このような規制・制限があるので、施術の取引価額が5万円の場合、1万円までの化粧品をプレゼントすることに差支えはありませんが、それよりも高価な化粧品（1万円を超える化粧品）をプレゼントすると、景品表示法に違反することになります。

まとめ

　お客様へのお礼や感謝、「お客様に喜んでもらいたい」という気持ちからであっても、あまりにも高価なプレゼントは法律に違反しますので、ご注意ください。

Q18 返金キャンペーン／条件明示

脱毛サロンを営んでいます。「効果がなかったら、半年分返金！」というキャンペーンを実施しようと思っているのですが、注意することはありますか？

≫Answer 返金に条件をつける場合、その条件を明示しなければ、景品表示法上の有利誤認表示に該当するおそれがあります。

知　　識 「価格その他取引条件」について著しく有利であると一般消費者に誤認される表示の禁止

　景品表示法5条2号では、「商品又は役務の価格その他の取引条件について、実際のもの又は当該事業者と同種若しくは類似の商品若しくは役務を供給している他の事業者に係るものよりも取引の相手方に著しく有利であると一般消費者に誤認される」表示を有利誤認表示として禁止しています。

　そのため、返金に条件（対象のコース・最低契約期間・施術回数・効果等）を設けるとき、その条件を満たさなくても返金を受けられると思わせるような表示をすると有利誤認表示となりますので、お客様に誤認させない表示をする必要があります。

> ### 対応方法
返金に条件を付す場合、明確に条件を取り決める

　返金に条件がある場合には、その条件を明確にする必要があります。例えば、設問では「効果がなかったら」というのが条件になります。しかし、このままでは「効果がなかった」ことをどのようにして判断するのかがわかりません。いつの時点といつの時点を比較して、どのような資料に基づき、誰がどのような基準で判断するのかといった点について取り決め、表示するようにしましょう。

　有利誤認表示に当たるか否かにかかわらず、返金のルールをきちんと整理しておくことは、スタッフの混乱やお客様とのトラブルを防ぐためにも重要になります。

> ### 対応方法
取り決めた条件はお客様にわかるように表示する

　表示の仕方も問題になります。お客様にわかりづらい位置であったり、小さな文字であったりすると、お客様が表示に気付かず、トラブルになるおそれがあります。

　また、取り決めたルールについては、お客様にわかりやすく表示するようにしましょう。特に、インターネットのランディングページ（LP）に表示する場合には、できれば「効果がなかったら、半年分は返金保証！」という表示の直下に、返金の条件について見やすく整理して表示するようにしましょう。

（表示の例）

効果がなかったら、半年分は返金保証！

＜保証条件＞

※１　初回の施術前に、施術箇所の写真をスタッフが撮影いたします。

※２　●日以内の周期で●回以上施術していただきます。

※３　初回施術日から半年後の時点で施術箇所を写真撮影し、初回を100％として、スタッフの目視で95％以上が脱毛できていない場合、「効果がなかった」として返金いたします。

Q19 SNSの口コミ割引／ステルスマーケティング(ステマ)規制

 SNSに口コミを投稿してくれたお客様は、次回の施術を割引にしたいと思います。何か問題はありますか？

≫Answer いわゆるステルスマーケティング（ステマ）に該当する可能性があるので、口コミに対する対価の支払いは避けたほうがよいでしょう。

知　　　識　ステルスマーケティング（ステマ）とは？

ステマとは、何らかの宣伝・広告であるにもかかわらず、それを消費者に隠して、またはわかりにくい方法で行う広告手法のことです。簡単にいうと、人に言わされているのに、それを隠して、あたかも自分の発言のように発信することを指します。

典型的な例は、事業者と情報の発信者の間で経済的な便宜が図られ、発信者が、その経済的な便宜に対して、SNSや口コミサイト等に良い評価を投稿する場合です。

令和5年10月1日よりステマは景品表示法で規制の対象となりました。

知　　　識 評価の良し悪しを指定していない場合でも問題になる？

　そうすると、設問は「口コミを投稿してもらう」だけであり、「口コミで良い評価をしてもらう」ことまでは指定していないのだから、ステマには該当しないのではないかとの反論もありそうです。

　この点に関して、消費者庁から公表されているステマの運用基準（第2の2（1））には、第三者が自らの嗜好等により、口コミを投稿した場合（事業者からの指示がなく、第三者が自由に投稿できる場合）は、事業者が表示内容の決定に関与したとされないと記載されています。つまり、この場合、ステマには該当しないことになります。

　しかしながら、次回割引をしてくれる相手のSNSに悪い評価の口コミをすることは勇気がいることですし、割引を目当てに書き込むのであれば、自ずと良い評価に偏る傾向になることは容易に想定できます。そうすると、良い評価をするよう仕向けてはいなくとも、全体的な状況から良い評価をするように仕向けていると評価され、結果、ステマに該当するという結果になり得ます。

　ステマと認定されないためには、あくまで情報の発信者が誰かから強制されることなく、自分の自由意思に基づき情報を表示したことが重要です。しかし、発信者が経済的な利益を受けている場合、それはもはや自分の意思で発信したとはいえないものと捉えられる可能性があり、ステマの規制の対象となる可能性があると考えられます。

【参考】「一般消費者が事業者の表示であることを判別することが困難である表示」の運用基準（令和5年3月28日消費者庁長官決定）

知　　　識 事後的に報酬を支払うことを約束した場合も問題になる？

　口コミの投稿後に報酬を与える旨を伝えた場合、投稿時点では第三者の自由意思による投稿なので、ステマには該当しないようにも考えられます。しかし、口コミは、一度投稿した後でも、削除、編集、投

稿継続のいずれの方法も採ることができます。そして、投稿をそのまま継続するのは、連続的に表示を続けていくことを意味します。報酬をもらった後に口コミの投稿をそのまま維持した場合、その態様によっては、ステマと認定される可能性があります。事業者としては、事後であったとしても報酬を約束したり、渡したりするのは避けたほうがよいでしょう。なお、消費者庁は、ステマ規制が始まる前の第三者による表示であったとしても、ステマ規制が始まった後に当該表示がステマ規制の対象となる可能性があることを公表しています。

　高評価（例えば5段階中4以上等）を付けてくれたお客様にのみ報酬を支払うとして口コミの募集をかけた場合は、ステマに該当すると考えられるのは、既に述べた通りです。

　なお、LINEのお友達登録やYouTubeのチャンネル登録等と引き換えに報酬を渡す場合、ステマには当たらないものと考えられます。登録自体は、事業者の広告とみなされない可能性が高いためです。

知　識　ステマと認定された場合、誰が責任をとる？

　ステマと認定された場合、その広告をした広告主（口コミ投稿者）が責任を負うのではなく、あくまで商品の販売を行っているメーカー（事業主）が責任を問われることになります。逆を言えば、仮に事業者がそのようなことをしていなくとも、動きが活発なインフルエンサー等に依頼をした場合で、きちんとその活動を管理・監督していない場合、事業者が責任を取らざるを得ないことには注意しましょう。

　一見、「インフルエンサー等が独自でステマとなるような広告を行った場合、事業者は責任を負わないのではないか？」と疑問を持たれるかと思いますが、第三者をして広告をさせる場合、原則としてその第三者が行った行為に関する責任は事業者も負うことになります。そのため、インフルエンサー等に依頼をする場合は、その行っている広告の内容や方法もしっかり管理・監督する必要があるのです。

まとめ

　ステマに関する規則は景品表示法で定められていますが、施行されてからまだ1年程です。現時点において、口コミの高評価の対価として予防接種の費用を500円割り引くといった行為をした医療法人に対する措置命令や、インフルエンサーのSNSを抜粋したものを自社サイトで「お客様の声」として載せていた行為に対して措置命令が出ています。

　今後のステマ取締りの動向を確認しつつ、口コミを含め第三者への依頼方法については慎重に行いましょう。

値引き・返金等のキャンペーン

Q20 友人紹介キャンペーン（割引、金品のプレゼント等）

友人紹介キャンペーン（割引、金品のプレゼント等）を実施しようと思っています。何か注意点はありますか？

≫ Answer 事業者が顧客を誘引するための手段として、自己の供給するサービスに付随して、取引相手に物品、金銭その他の経済上の利益を提供する場合、景品表示法に基づく景品規制の適用を受けることがあります。

知　識　景品の種類

景品の種類には、①懸賞と②総付景品の2種類があります。

① 懸　賞

偶然性を利用して定める方法（抽選券やじゃんけん等）や、特定の行為の優劣または正誤によって定める方法（作品の優劣、クイズへの解答の正誤）によって、景品の提供の相手方や提供する景品の価額を定める場合をいいます。

懸賞には、共同懸賞（複数の事業者が参加して行う懸賞）と一般懸賞（共同懸賞以外のもの）があります。

② 総付景品

上記①の懸賞以外の方法で提供する景品を、一般に総付景品といいます。来店者にもれなく提供する試供品のほか、先着順で提供される限定商品なども、総付景品に当たります。

 知　識　景品規制の内容

　友人紹介キャンペーンの内容として、エステサロンが、既存のお客様ではない人に顧客を紹介してもらい、その謝礼として金品のプレゼント等の経済的な利益を提供しても、それは「取引に付随」する提供行為とはいえないため、景品に該当しません。

　一方、金品等の提供を受けるのが、エステサロンの（現在または過去の）お客様に限られる場合、取引に付随するものとして景品類に該当し、次の通り、景品規制の適用を受けることとなります。

①　総付景品に該当する場合

　友人紹介キャンペーンの内容が、新規顧客を紹介してくれたお客様に、一律で金品等をプレゼントするものである場合、景品の種類は総付景品に当たります。総付景品では、提供できる「景品類の最高額」は「取引の価格」に応じて、次の通り定められています。

　「取引の価額」とは、通常、景品類の提供を受けるために必要な取引のうち、最低の金額のことをいいます。

取引の価額	景品類の最高額
1,000円未満	200円
1,000円以上	取引の価額の10分の2

　例えば、友人紹介キャンペーンの内容が「エステAコースの契約者」を対象とするものである場合、当該エステAコースの契約の価額が「取引の価額」に当たります。

　一方、友人紹介キャンペーンの内容が「（どういった施術の契約者であるかにかかわらず）既存のお客様」を一律に対象とするものである場合、当該店舗のエステ施術料金のうち最低の金額が「取引の価額」となります。例えば、エステサロンでの通常料金のうち、もっとも低い料金が1万円の場合、2,000円相当の金品等の提供が認められることとなります。

　なお、割引については、値引きに該当するため、景品類には当たりません。割引券のように当該エステサロンのサービス料の支払いに使うことができるものであれば、同じく値引きとして景品類に当たりません。

　しかし、他のエステサロンでも使えるものについては、景品類に該当するので、割引額を上記の最高額に留める必要があります。

② 　一般懸賞に該当する場合

　紹介者の中から抽選を行い、当選者に金品等をプレゼントするというキャンペーンの場合には、一般懸賞に当たります。

　一般懸賞の場合、提供できる景品類の最高額は次の通り定められています。

懸賞による 取引の価額	景品類の最高額	
	景品類の最高額	景品類の総額
5,000円未満	取引価額の20倍	懸賞に係る 売上予定総額の2%
5,000円以上	10万円	

　「取引の価額」についての考え方は、上記(1)と同様です。

　「景品類の総額」について懸賞に係る売上予定総額とは、懸賞販売実施期間中における対象商品の売上予定総額をいいます。お客様キャンペーンの適用を受けるために紹介を受けた顧客が締結する契約コースに限定がある場合は、キャンペーン実施期間中に見込まれる当該コースの契約料金の見込総額を売上予定総額とすることが考えられます。一方、契約コースに限定がない場合には、当該エステサロンのすべてのコースが対象になりますので、キャンペーン実施期間中に見込まれる契約料総額を売上予定総額とすることが考えられます。

　一般懸賞の場合、上記景品類の最高額と景品類の総額の両方の金額に収まるように実施する必要があります。

Q21 オンライン契約・決済／特定商取引法

これまで対面での契約しか対応していなかったのですが、これからはオンラインで契約を締結し、そのまま予約を取っていくシステムを運用していきたいと思っています。オンラインでの契約締結にあたり、何か気を付けることはありますか？

≫Answer お客様の同意があれば、オンライン契約は可能です。ただし、特定商取引法上、概要書面と契約書面の交付が求められ、これを電子データで交付する場合は、お客様が閲覧できたかどうかまでを確認する必要があります。

知　識　特定商取引法上の「特定継続的役務」とは？

特定継続的役務提供とは、政令で定める特定継続的役務を、一定期間を超える期間にわたり、一定金額を超える対価を受け取って提供することを意味します。エステ契約は、特定商取引法上の特定継続的役務の代表例です。

知　識　契約締結前に「概要書面」、締結後に「契約書面」を交付

特定継続的役務提供契約を締結する前には、お客様に対して概要書面を交付しなければなりません（特定商取引法42条1項）。また、契

約の締結後、お客様に対して遅滞なく、契約書面を交付しなければなりません（同条2項）。概要書面および契約書面に記載しなければならない内容は、特定商取引法、特定商取引法施行規則で規定されています（⇒Q1参照）。

知　識　「概要書面」「契約書面」の電子データでの交付が解禁

概要書面と契約書面は、紙媒体で交付することが義務付けられていましたが、令和3年の改正により、電磁的方法による提供、すなわち電子データで提供することが解禁されました。以前は紙媒体で交付する必要があったため、オンラインでのエステ契約の締結は想定できませんでしたが、電子データの形で提供することができるようになったことを受け、可能となりました。

対応方法　電子データで交付するには同意が必須

ただし、電子データの形での提供ができるのは、「書面の交付に代えて、消費者の承諾を得た場合」のみである点には、注意が必要です。つまり、お客様に対し、紙媒体の契約書面等の交付ではなく、電子データでの提供で構わないかどうかの意思確認をし、承諾をもらい、さらにこの承諾を得られた旨を証する書面（こちらも電子データ可）をお客様に交付することで、ようやく、電子データの形での契約書面等の提供ができるようになるのです。

そもそもお客様から、「電子データではなく紙媒体でもらいたい」と言われてしまったり、エステサロン側からお客様に対して、承諾を得られた旨を証する書面を交付していなかったりすると、電子データの形で契約書等を提供しても、書面交付義務を果たしていないことになります。

対応方法　お客様が電子データを閲覧したかの確認

　電子データで契約書面等を提供した後、データがお客様の手元に到達したこと、閲覧することができる状態に置かれたことの確認作業が必要とされています。

　消費者庁のガイドライン（契約書面等に記載すべき事項の電磁的方法による提供に係るガイドライン）において、具体的に確認作業の方法を指定ないし制限はされていませんが、のちのちサロンが提供したデータについて、お客様から「あれはファイルを開くことができなかったので、見ていません」などと言われ、書面交付義務違反を争われることを防ぐために、確認作業をする必要があるとしています。契約書面をお客様に渡していないと、いつまでもクーリング・オフが可能になるなど、エステサロンにとっても大きな不利益がありますので、注意が必要です。

対応方法　お客様から電子データを閲覧できなかったと言われたら？

　お客様から書面交付義務を争われてしまった場合、エステサロンとしては、同義務を遵守していたことを立証する必要がありますが、メール等に電子データファイルを添付して送信したことの履歴だけでは、お客様側でメールを開けたか否かの確認までは取れていないため、不十分となります。

　そこで、お客様が使用しているパソコンやスマートフォン等に電子データをダウンロードするためには、何等かの操作を要する細工を施し、その操作がなされたことの記録をとっておいたり、お客様に、電子データに記載されている内容の一部を回答してもらい、同回答の記録を取っておいたりするなど、お客様サイドの閲覧行為が確実になされていることの確認と、その確認が取れた旨の記録をとっておくことが重要です。

■契約書等に記載すべき事項を電磁的方法により提供する際の流れ

消費者	事業者	事業者	消費者	事業者	事業者	事業者	事業者
希望表明	電磁的方法の種類及び内容の提示（規則第9条） 承諾の取得に当たっての説明（規則第10条第1項、第2項）	承諾の取得に当たっての適合性等の確認（規則第10条第3項第1号、第2号及び第4項） **事業者** 第三者への提供の確認（規則第10条第3項第3号）	承諾の手続（規則第11条） ※　書面でも電磁的方法でも可	承認を得たことを証する書面の交付（規則第10条第7項）	電磁的方法による提供（規則第8条） ※　到着時点でクーリング・オフ起算	第三者への契約書面等に記載すべき事項の送信（規則第10条第6項）	到着の確認（政令第4条第3項、規則第12条） ※　閲覧に支障があるか否か等を確認する

出典：消費者庁「契約書面等に記載すべき事項の電磁的方法による提供に係るガイドライン」

まとめ

　電子データで契約書面等を提供することで、書面交付義務を果たせることになりましたが、上記留意すべき事項を考えると、一概にオンライン上でのエステ契約を締結しやすくなったとはいえない側面があります。

　また、電子データでの提供に関する特定商取引法が改正されたのは令和3年ではあるものの、この部分の施行は令和5年6月1日からであり、まだまだ実務上の運用が深まっていません。もっとも、オンライン上での契約をいち早く導入し、ガイドラインを遵守しながら、新たな新規顧客獲得を目指すのも1つの経営戦略かと思われますので、上述の対応方法に留意して、進めていきましょう。

補　足

　オンラインでお客様と契約をして予約を取る仕組みを設ける場合、利用規約は必要になるのでしょうか？　また、利用規約への同意があれば、契約書は必要ないのでしょうか？

　この点、利用規約は、会社のサービスを広く開示しているものに過ぎないので、オンラインであれ、オフラインであれ、サービスを提供するうえで必須のものではありません。

　また、上記の通り、特定商取引法において、エステ契約のような特定継続的役務契約を締結する際には、概要書面および契約書面を交付することが義務付けられています。そのため、エステサロンとして利用規約を設置することは、サービスの周知に資するという意味で有益ではありますが、利用規約を設置したからといって、概要書面および契約書面を交付しなくてよいことにはなりません。

第2章
宣伝広告に関する
Q＆A

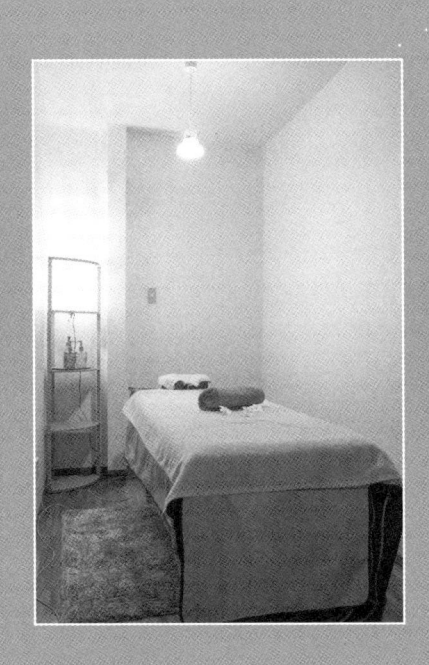

 ━ 広告 ━

Q22 景品表示法／広告のルール

 広告を打つ際、訴求力を高めるために、インパクトを出したいです。注釈で補足説明をすれば、問題ないですか？

≫ Answer 注釈で補足説明をしても、その表示方法や表示内容によっては景品表示法上問題となってしまいます。

 知　識　景品表示法の基本的な考え方

　景品表示法は、一般消費者保護のため、「一般消費者に誤認される」表示を不当表示として規制しています。

　本来、商品・サービスの内容や取引条件について訴求する表示がなされていても、それが事実に反するものでない限り、問題とはならないはずです。

　しかし、例えば、「商品・サービスの良い部分（例：「半額！」との記載）が大々的に載っているが、それが適用される（半額が適用される）ためには厳しい条件設定があり、その条件が、よく探さなければわからない場所に、見えづらい小さな字で、「注釈」という形で載っていた」といった場合はどうでしょうか。

　もちろん、当該記載内容全部を隅々まで読めば内容を理解できるかもしれませんが、上記のような広告は、見方によっては、不意打ち的、騙し討ち的な広告であるとも評価されてしまいます。

　上記の通り、景品表示法は、「一般消費者に誤認される」表示を不当表示として規制しているため、注釈等をわかりやすく適切に行わなければ、景品表示法上問題となるおそれがあります。

　この問題は、いわゆる「強調表示」と「打消し表示」と呼ばれる問題です。

　事業者が、自己の販売する商品・サービスを一般消費者に訴求する方法として、断定的表現や目立つ表現などを使って、品質等の内容や価格等の取引条件を強調した表示を「強調表示」といいます。

　これに対し、一般消費者が強調表示からは通常は予期できない事項であって、一般消費者が商品・サービスを選択するにあたって重要な考慮要素となるものに関する表示を「打消し表示」といいます。

　強調表示として何か良いことが書いてあり、その後、打消し表示として、「※●●の場合に限る」、「※あくまで個人の感想です」などと書いてある、というのが典型です。

　強調表示と打消し表示については、「一般消費者に対して、商品・サービスの内容や取引条件について訴求するいわゆる強調表示は、それが事実に反するものでない限り問題となるものではない。ただし、強調表示は、対象商品・サービスの全てについて、無条件、無制約に当てはまるものと一般消費者に受け止められるため、仮に例外などがあるときは、その旨の表示（いわゆる打消し表示）を分かりやすく適切に行わなければ、その強調表示は、一般消費者に誤認され、不当表示として景品表示法上問題となる恐れがある」とされています。

　なお、強調表示と打消し表示との関係は、強調表示の訴求している内容が商品・サービスの実際を反映していることが原則であり、打消し表示は、強調表示だけでは一般消費者が認識できない「例外条件、制約条件等」がある場合に例外的に使用されるべきものであるとされています。

　そのため、そもそも強調表示と打消し表示とが矛盾するような場合は、一般消費者に誤認され、景品表示法上問題となります。

知　識　どういった打消し表示が問題となるのか？

そもそも、強調表示と打消し表示とが矛盾するようなレベルの場合、景品表示法上問題となるおそれがあるのですが、よく見られるもの・問題となるものとしては、「強調表示だけでは一般消費者が認識できない例外条件、制約条件等がある場合（そういったことが注釈等に記載されている場合）」となります。

問題となる打消し表示の例としては、矛盾する表示の場合のほか、次のようなものが挙げられます。

- ・打消し表示の文字が小さい場合
- ・打消し表示の配置場所が強調表示から離れている場合
- ・打消し表示が表示されている時間が短い場合
- ・一般消費者が打消し表示に気付くことができないか、打消し表示を読み終えることができないような場合
- ・一般消費者において打消し表示を読んでもその内容を理解できないような場合

例えば、商品のLP（ランディングページ）等において、強調表示が記載された部分から、かなりスクロールをしないと打消し表示が出てこない場合、一見しただけでは打消し表示が記載されていることに気付かない（スクロールをしないと打消し表示の部分が出てこない）場合等は、「一般消費者が打消し表示に気付くことができない場合」に該当することになります。

対応方法　求められる表示方法

次に、要素ごとに、求められる表示方法を見ていきましょう。

①　打消し表示の文字の大きさ

例えば、一般消費者が打消し表示を見落としてしまうほど文字が小さい場合等は、景品表示法上、問題となります。

　そのため、「表示物を一般消費者が実際に目にする状況において適切と考えられる文字の大きさ」で表示することが求められます。

　また、「強調表示の文字と打消し表示の文字の大きさのバランス」も求められます（強調表示の文字が過度に大きく、打消し表示の文字が過度に小さい場合は問題となります）。

　なお、適切な表示といえるかどうかは、媒体ごとにおける総合判断になるため、一律的に、「文字の大きさは●ポイント以上とする」といった法規制にはなっていません。

　また、強調表示と打消し表示の文字を「同じ大きさにしなければならない」といった規制はありません。

② **打消し表示の配置箇所**

　打消し表示の配置箇所は非常に重要な要素とされています。

　強調表示と打消し表示とが離れている場合は、問題視されるリスクが大きいといえます。できれば、強調表示の直下等、強調表示と隣接する場所に表示すべきであるといえます。

③ **打消し表示と背景との区別**

　背景色との関係で、一般消費者が正しく認識できるよう打消し表示をする必要があります。例えば、白の背景に黒の文字で打消し表示をする場合は良い例とされています。

④ **紙面公告について**

　紙面広告につき、紙面広告の隅に、小さい文字だけで構成された注意書きが一括して表示されている場合は、一般消費者の注意が向きにくいとされています。

　紙面広告の場合、打消し表示は、強調表示に隣接した箇所に表示したうえで、文字の大きさのバランス、色、背景等から一般消費者が両者を一体として認識できるよう表示することが求められます。

　また、打消し表示の文脈において、強調表示との関係性がよく理解できるように、その表現振りに工夫が求められます。

⑤　動画広告について

動画広告については、次のような配慮が必要です。

・相当程度以上の時間、打消し表示を画面に表示しておく

・同一画面に表示するようにする（別の画面に表示する場合、強調表示と打消し表示の繋がりがわかるようにする）

・音声と文字で強調表示を行った場合、打消し表示も音声と文字で行う

・複数の強調表示、打消し表示が出てくる場合（情報量が多い場合）は特に、消費者を誤認させないよう注意する

⑥　Web広告について

Web広告については、次のような要素により不当表示か否かが判断されます。

・強調表示と打消し表示が1スクロール以上離れているか

・アコーディオンパネルに打消し表示が表示されているか（アコーディオンパネルとは、タイトル部分をクリックすることでコンテンツを開閉できるパネルのことです）

・コンバージョンボタンの配置箇所（コンバージョンボタンとは、「商品を購入する」といった文字が書かれているボタンのことです）

・強調表示と打消し表示の距離、打消し表示の文字の大きさ、打消し表示の文字とその背景の色や模様

・他の画像等に注意が引きつけられるか

例えば、アコーディオンパネルのラベルをタップしなければ打消し表示が表示されず、しかも、ラベルを見た消費者において、アコーディオンパネルに打消し表示があることがわからない、といったことであれば、当該表示は不当表示になるおそれがあるといえます。

また、コンバージョンボタンについて見ますと、消費者は、「商品を購入する」ボタンを押して他のページに行ってしまうかもしれません。その場合、強調表示とコンバージョンボタンとの間に打消

し表示があればよいのですが、そうでない場合（例えば、コンバージョンボタンよりも下の方に打消し表示がある場合）、消費者が見落としかねない表示、すなわち不当表示とされてしまうおそれがあります。

Web広告についても、上記の点を意識しながら、消費者にとってわかりやすい打消し表示をすることが求められます。

⑦ 打消し表示の「表示内容」について

打消し表示については、適切な「表示方法」であるとともに、適切な「表示内容」である必要があります。

内容面に着目した表示類型としては、次のようなものが挙げられます。

・例外型の打消し表示
・別条件型の打消し表示
・追加料金型の打消し表示
・試験条件型の打消し表示

「例外型の打消し表示」は、内容や取引条件を強調した表示に対し、打消し表示において「例外」を記載している場合です。この場合、一般消費者が例外の内容がわかるように、理解できるように記載する必要があります。

「別条件型の打消し表示」は、割引期間や割引料金が強調される一方、適用されるための別途の条件が打消し表示に記載されている場合です。このときも、打消し表示においてわかりやすく条件を記載する必要があります。特に、複雑な料金体系になっているような場合はご注意ください。

「追加料金型の打消し表示」は、「すべて込み」などと追加料金が発生しないよう強調されている一方、それとは別に追加料金が発生する旨が打消し表示に記載されている場合です。この際も、打消し表示にわかりやすく記載する必要がありますし、強調表示と矛盾しないよう注意が必要です。

　「試験条件型の打消し表示」は、打消し表示に、試験・調査等によって客観的に実証された内容を記載しているような場合をいいます。

　打消し表示において、外来語、業界用語、専門技術的な用語が使用されるなどし、一般消費者が内容を理解できないような場合、不当表示となるおそれがあります。

　また、「商品」の効果を謳っておきながら、実際には「商品」に表示された効果はなく、商品ではなく「成分」について試験を行った結果に基づく表示を行っているというような場合も、不当表示になるおそれがあります。

　試験の内容や条件等をわかりやすく表示し、商品の効果等を一般消費者が正しく理解できるようにする必要があります。

⑧　**体験談について**

　広告において、「個人の感想です。効果には個人差があります」といった注釈はよく目にするところかと思います。こういった注釈を目立つようにきちんと記載すること自体は有用ですが、当該注釈を記載しておけば何の問題もないということではありません。

　例えば、実際には、商品を使用しても効果、性能等をまったく得られない者が相当数存在するにもかかわらず、商品の効果、性能等があったという体験談を表示した場合、打消し表示が明瞭に記載されていたとしても、一般消費者は大体の人が何らかの効果、性能等を得られるという認識を抱くと考えられるので、商品・サービスの内容について実際のもの等よりも著しく優良であると一般消費者に誤認されるときは、景品表示法上問題となるおそれがあります。

> **知　　識**　消費者庁により摘発事例多数

　強調表示、打消し表示については、各要素・諸般の要素に鑑み、総合的に判断するものとされています。

　そして、この点に対する消費者庁の指摘は厳しいという印象です。

　打消し表示があったとしても、打消し表示の表示方法や表示内容に問題がある場合、消費者庁からは、「（一応、打消し表示があるが）…上記強調表示から受ける認識を打ち消すものではなかった」等と評価されてしまいます。すなわち、打消し表示がないものと同様に評価されてしまうのです。

　そうしますと、一般消費者の利益を害してしまいますし、当該事業者も不利益を被ってしまいますので（景品表示法に基づき措置命令や課徴金納付命令を受けるおそれがあります）、注釈の位置や文字の大きさ、内容等につき、十分留意する必要があるといえます。

Q23 通常価格と割引価格の併記

 通常価格と割引価格を併記して、お得に見せようと思いますが、気を付けることはありますか？

≫Answer 価格表示を適正に行わず、実際よりも「安い」と思わせる場合、消費者に誤った選択をさせることになりかねません。価格表示には消費者に誤解を与えないよう、細心の注意を払う必要があります。

2つの価格を併記する「二重価格表示」は、適切な対比構造になっていないと不当表示になるので、景品表示法上の考え方に沿って、当該表示が適切なものかどうかを都度確認するようにしましょう。

知　識　景品表示法上、価格表示をする際の留意事項

景品表示法上、価格表示をするうえで気を付けるべき点は、大きく分けて次の2点です。これらに該当する表示をしないよう注意しなければなりません。

①　自己が供給する商品または役務の販売価格について、実際の販売価格よりも著しく有利であると一般消費者に誤認される表示
②　自己が供給する商品または役務の販売価格について、競争事業者の販売価格よりも著しく有利であると一般消費者に誤認される表示

　①は、要するに実態よりも「安い」と思わせる場合を指し、②は、一般的に許容される誇張（セールスアピール）の限度を超えて、価格以外の取引条件も含め、他社よりも「お得だ」と思わせる場合を指します。

知識　二重価格表示とは？

　二重価格表示とは、事業者が自己の販売価格に当該販売価格よりも高い他の価格を併記して表示することをいいます。消費者の目線に立つと、より高い他の価格との比較により、販売価格が安く見えることから、訴求力の高い表示となります。二重価格表示をすること自体が否定されているのではなく、比較対照価格の内容等を適切に表示することが求められます。どのような点を比較する表示なのかというパターンごとに、適切に表示するための留意事項が異なってきます。

知識　通常価格の表示には実績が必要

　割引価格の表示をする場合、比較対照は通常価格となりますが、これは「過去の販売価格」となります。つまり、通常価格と評価できるほどに過去に販売実績（実際に売れたという意味でなく、その価格で販売されていたという実績）のある価格を意味するので、実際に当該価格にて販売していた実績があることが必須となります。

　具体的な例として挙げると、「通常価格800円、割引価格500円」という表示で、ある商品を初めて売り出す場合は、800円で販売されていた実績がないのですから、通常価格800円と表示することは、不当になります。

　また、例えば、当該商品をここ2か月間販売している場合でも、800円で販売していた期間がたった3日間だった場合も、やはり「当該商品を通常800円で売っていた」とはいえず、通常価格800円という

表示は不当となります。

　このように、十分な販売実績がないにもかかわらず、過去の販売価格を通常価格と表示してしまうと、消費者に誤解を与えることになりますので、このような通常価格の表示は認められません。

知　　識　　「最近相当期間にわたって販売されていた価格」

　比較対照を過去の販売価格とする場合、実績のない場合の通常価格の表示は認められませんが、その価格が「最近相当期間にわたって販売されていた価格」に該当する場合、特に説明を付さなくても通常価格として表示が可能です。

　そこで、「最近相当期間にわたって販売されていた価格」とは何かが問題となります。「最近時」は、セール開始時点（割引価格で販売を開始した時点）からさかのぼって８週間をいいます（当該商品が販売されていた期間が８週間未満の場合は当該期間）。そして、基本的には、最近時において、当該価格で販売されていた期間が、当該商品が販売されていた期間の過半を占めているときには、「最近相当期間にわたって販売されていた価格」とみてよいものと考えられるとされています。

　例えば、セール開始時点からさかのぼる８週間のうち、５週間（必ずしも連続した期間でなくてもよいとされています）800円で販売していた実績がある場合には、800円という価格が「最近相当期間にわたって販売されていた価格」になります。

対応方法　　「最近相当期間にわたって販売されていた価格」でないときに付記すべき説明内容

　「最近相当期間にわたって販売されていた価格」とはいえない価格を比較対照価格に用いるときは、一般消費者に販売価格が安いと誤認させてしまい、不当表示に該当するおそれがあります。そのため、当

該価格がいつの時点で、どの程度の期間販売されていた価格であるか等、その内容を正確に表示しなければなりません。

まとめ　ガイドラインをよく確認しましょう

　今回取り上げたのは、過去の販売価格を比較対照価格とする場合ですが、このほかにもいわゆる二重価格表示にはたくさんのルールがあります。二重価格表示をする場合には、それがどういう性質の比較となるのかを考えつつ、消費者庁が出しているガイドライン（「不当な価格表示についての景品表示法上の考え方」）を確認しながら表示することをおすすめします。

Q24 記念キャンペーン

ECサイトでエステサロンの宣伝を始めるにあたり、ECサイト開設記念キャンペーンとして、「コース料金50％オフ」と宣伝したいのですが、注意することはありますか？

≫Answer 50％オフをする前の元の価格に取引実績がなかったり、あるいは割引の適用に条件があったりする場合、消費者がこれを正しく認識できない表示をしていると、景品表示法で禁止する有利誤認表示に該当するおそれがあります。

> 知　　識　「価格その他取引条件」について著しく有利であると一般消費者に誤認される表示の禁止

　景品表示法5条2号では、有利誤認表示を禁止しています。特に、割引前の比較対照価格と販売価格を併せて表示する二重価格表示については、販売期間に関してルールがあります（詳細は*Q23*参照）。

　また、二重価格表示のように比較対照価格と販売価格を併記せずに、単に割引率のみを表示する場合であっても、算出の基礎となる価格や割引率または割引額の内容等について、実際と異なる表示を行ったり、あいまいな表示を行ったりすると、有利誤認表示に該当するおそれがあります。

| 知　　識 | 「割引の基になる価格」について、消費者が誤認するような表示をすると有利誤認表示になることも |

　割引の基になる価格について、実際に当該価格で役務を提供した実績がないにもかかわらず、あたかも通常は割引前の価格で役務を提供しているかのように表示した場合には、有利誤認表示に該当するおそれがあります。また、割引前の価格で役務を提供した実績があるといっても、キャンペーン実施の直前であえて値上げをしているような場合も、同様に問題があります。

　また、割引率が適用されるものが一部に限られているにもかかわらず、取り扱うすべての役務で割引が適用されるかのように表示するような場合にも、有利誤認表示に該当するおそれがあります。

| 対応方法 | 「割引率」「割引額」を誤認させないように表示する |

　「50％オフ」との記載があれば、通常提供されている価格から半額になってお得な価格であると認識するのが通常かと思いますが、実際には過去に提供された実績のない価格であったり、あるいはキャンペーン実施直前に値上げを実施して、そこから「50％オフ」した価格であったりする場合には、お客様に販売価格が安いと誤認させることになります。「50％オフ」キャンペーンを実施する場合には、通常提供している価格から「50％オフ」し、キャンペーンの実施直前に不自然な値上げをしないよう注意しましょう。

　また、「50％オフ」に適用の条件があったり、役務ごとに割引率が異なったりするような場合には、すべての役務について「50％オフ」になるとお客様に誤解を与えないよう、条件等を明記しましょう。

Q25 HP／優良誤認表示／アンケート結果の掲載

 調査会社に依頼して実施したアンケート調査で、「顧客満足度No.1」の結果を得たので、HPで宣伝しようと思います。気を付けることはありますか？

≫Answer 「No.1」表示の根拠が、客観的な調査に基づく合理的なものであり、広告表示が調査結果を正確に引用したものでなければ、景品表示法上の優良誤認表示となるおそれがあります。

知　識　優良誤認表示に注意

　「No.1」「第1位」「トップ」「日本一」といった、いわゆる No.1 表示は、とてもわかりやすい指標なので、同種の商品やサービスを比較するうえで、消費者にとっても有益な情報になります。そのため、No.1 表示自体が禁止されているわけではありません。

　しかしながら、訴求力の高い表現であるがゆえに、No.1 の内容が合理的根拠に基づき、かつ、消費者に誤解させるような表示にならないよう注意する必要があります。例えば、No.1 表示の内容がサービスを利用した消費者からの回答結果であるように表示しているにもかかわらず、実際の根拠となる調査が、サービスを利用していない人が Web サイトを見て回答したイメージ調査の結果であるような場合には、広告表示の内容と根拠となる調査の内容が異なるので、優良誤認

表示となるおそれがあります。

対応方法 No. 1表示をする際の注意点

No. 1表示が優良誤認表示とならないようにするためには、

> ① No. 1表示が客観的な調査に基づいていること
> ② 広告表示の内容が調査結果を正確に引用したものであること

の2点に注意する必要があります。

①については、（ⅰ）当該調査が関連する学術界または産業界において一般的に認められた方法または関連分野の専門家多数が認める方法によって実施されていること、（ⅱ）社会通念上および経験則上妥当と認められる方法で実施されていることが必要であるとされています（公正取引委員会「No. 1表示に関する実態調査報告書」）。

そのため、例えば調査対象者を自社に有利になるように恣意的に選定する、調査対象者数が極めて少ない、そもそも自社に不利な結果になりようのない質問項目を設定しているといった、結果の客観性に疑問が生じるような調査方法は、合理的根拠として認められないことになります。

また、②については、一般消費者が広告表示から受け取る内容と、調査内容とが適切に対応している必要があります。設問にあるような「顧客満足度No. 1」という広告表示の内容を見た一般消費者としては、実際に当該サービスを利用した人に対する調査の結果であると認識しますが、実際の調査内容は、サービスを利用したことのない者に対する単なる「ブランドイメージ調査」、「サイトのイメージ調査」だった場合には、優良誤認表示となります。

このようなイメージ調査がまったく許されないわけではありませんが、表示内容からして、実際に製品を利用した顧客に対する調査でな

ければ「No. 1 表示」の合理的根拠とならないと思われます。併せて、対象となるサービス・商品等の範囲、地理的範囲、調査方法、調査期間・時期、調査の出典等を注釈で表示するなど、明記する必要があります。

　No. 1 表示自体が禁止されているわけではありませんが、一方で、一般消費者に対して誤解を与えやすい表現でもあります。No. 1 表示に関するルールを守って、適切に表示するよう心がけましょう。

Q26 タレントやアナウンサー、インフルエンサーの広告起用

 自社のエステ広告に、タレントやアナウンサー、インフルエンサーを起用したいと考えています。注意点はありますか？

≫ Answer タレントやアナウンサー、インフルエンサー等有名人に限ったことではありませんが、こういった第三者に宣伝広告を依頼する場合でも、最終の責任は依頼者である事業主にあることや、ステルスマーケティング（ステマ）に該当しないようにすることに注意してください。

知　　識　第三者による宣伝広告でも責任は依頼者にある

第三者に宣伝広告を依頼する場合、忘れてはならないのが、最終的に（法的な）責任をとるのは、原則として依頼をした事業者であるということです。これは、自身の利益のために第三者に依頼をするのですから、当然といえば当然です。そのため、第三者に依頼する場合でも、宣伝広告は適法に行う必要があります。

知　　識　どのような宣伝広告が違法となるか？

宣伝広告が違法となるのは、Q23、Q24、Q25のようなケースです。つまり、事業者本人が行って違法となるような宣伝広告は、当然第三者が行っても違法となります。

　また、宣伝広告の内容が違法でなくとも、第三者に依頼をする場合は、*Q19*のようなステマに該当するものと考えられるので、その対策も必要となります。

対応方法　第三者が行う宣伝広告は、必ず事業者が確認をする

　宣伝広告を第三者に依頼しても、法的な規制は事業者単体で実施するのと変わらないため、宣伝広告は適法な内容である必要があります。そのため、第三者が行う宣伝広告は、必ず依頼主である事業者が確認をしてから公開するよう徹底しましょう。

　なお、ステマに該当するおそれを防ぐため、広告であることがわかるように、媒体に依らず「広告」や「PR」といった表示は必ず付し、確認漏れがないようにしましょう。

対応方法　宣伝広告内容を依頼した第三者が提案した場合

　第三者のなかには、事業者が依頼した宣伝広告の内容に対し、あえて色々と提案をしてくるケースも考えられます。当然その内容が適法であれば問題ないのですが、それが違法であった場合、発案者がその第三者であっても、事業者は責任を免れません。仮に事業者が第三者に好きにしてよいというように、宣伝広告の内容を一任していた場合も同様です。第三者が依頼者の意向を無視して宣伝した場合は、事業者は責任をとらなくて済む場合もありますが、そのような場合でもきちんと第三者が行う宣伝広告内容を確認していたことの証明は必要になるので、やはり事業者による確認は必須となります。

ま と め

　アナウンサーやタレント、インフルエンサー等、影響力の強い第三者への宣伝広告依頼は、有用な手段ではあります。他方で、第三者に依頼した場合でも、最終的な責任は依頼した事業者が負う点は忘れてはなりません。しっかりと第三者を管理監督し、適切な範囲で宣伝広告を行うようにしましょう。

Q27 お客様の個人情報の活用／ダイレクトメール

 新サービスを開始したので、以前に当サロンをご利用いただいたお客様にダイレクトメールを送ろうと思うのですが、問題ないでしょうか？

≫Answer お客様から個人情報を取得した際の、個人情報の利用目的として定めていた内容を確認しましょう。ダイレクトメールの送付が利用目的に含まれていない場合は、改めて同意を得る必要があります。

知　識　取得時に定めた利用目的以外での使用は不可

　個人情報保護法では、個人情報を取り扱う事業者に対して、様々な規制を設けています。

　個人情報を取得するにあたっては、個人情報の取扱いに関する同意書（「プライバシーポリシー」などタイトルの付け方は様々です）をお客様に提供し、内容について同意を得ておかなければなりません（⇒152ページ**書式8**参照）。

　同意書には、個人情報の利用目的を記載しなければなりませんが、この利用目的はできる限り特定する必要があります。この規制の趣旨は、個人情報の利用について顧客の予測を可能とすることにあるので、顧客が自らの個人情報がどのように取り扱われることとなるのか、利用目的から合理的に予測・想定できる程度に特定する必要があるため

です。

　そして、取得した個人情報を上記の利用目的の範囲を超えて利用するには、改めてお客様本人の同意が必要であり、同意を得られない場合には、利用することができません。

　設問の場合、当該お客様から個人情報を取得した際、新サービスに関するダイレクトメール等を送ることが利用目的に含まれていたかを確認する必要があります。仮に、当時の利用目的にこれらが含まれていない場合には、個人情報の取扱いに関する同意書を変更し、改めて個々の同意を得たうえで送付する、という手順をとる必要があります。

　いくら既存のお客様に対してとはいえ、利用目的を超えてお客様の氏名やメールアドレスという個人情報を利用することは、個人情報保護法違反となります。この場合、お客様本人は、個人情報の使用の停止や消去を事業者に求めることができます。また、場合によっては、個人情報保護委員会から事業者に指導が入ることもあります。

ま　と　め

　個人情報の取扱いに不備があると、お客様との信頼関係を壊しかねません。顧客トラブルを避けるため、個人情報の取扱いは慎重に行いましょう。

【書式8　個人情報に関する取扱い同意書】

個人情報に関する取扱い同意書

エステサロン〇〇〇〇御中

　私は、貴サロンが提供するサービスの利用にあたり、以下の内容を理解し、同意いたします。

1．個人情報の取得の目的について

> まず取得する目的を記載します。目的は個人情報の利用の範囲を定めるものでもあるので、具体的に記載するようにしてください。

　貴サロンは、以下の目的のために私の個人情報（氏名、住所、電話番号、メールアドレス、生年月日、肌や健康に関する情報等）を取得いたします。

　1．サロンのサービス提供および運営
　2．予約管理およびサービスに関するご案内
　3．アフターケアおよびフォローアップ
　4．サロンの新サービスやキャンペーンのお知らせ
　5．商品の郵送
　6．お客様とのトラブル発生時の交渉、調整、損害賠償

2．個人情報の利用について

> 第三者へ提供する場合は、できる限り具体的に記載するようにしましょう。また、その場合は目的も連動するよう記載する必要があります。

　貴サロンは、取得した個人情報を上記1の目的の範囲内で利用いたします。また、以下の場合を除き、第三者に提供いたしません。

　1．法令に基づく場合
　2．利用者の同意がある場合
　3．利用目的の達成に必要な範囲で業務委託先に提供する場合

3．個人情報の管理について

　貴サロンは、個人情報を適切に管理し、漏洩、紛失、改ざん等の

防止に努めます。また、個人情報の取扱いに関する問合せ、開示、訂正、削除のご希望に対しては、速やかに対応いたします。

個人情報はむやみに保持してよいものではありません。目的に対して不要となった場合は、廃棄する等して整理するようにしましょう。

4．個人情報の保管期間について

　貴サロンは、個人情報を利用目的の達成に必要な期間保管いたします。その後、適切な方法で廃棄いたします。

個人情報の同意等に関しては、窓口を設けておく必要があるので、連絡先を記載しておくことが必要となります。

5．個人情報に関する問合せについて

　私は、個人情報に関する問合せは、以下の窓口まで連絡をし、行うこととします。

【連絡先】
エステサロン〇〇〇〇
個人情報保護管理担当
電話番号：〇〇〇-〇〇〇-〇〇〇〇
メールアドレス：privacy@xxxxxx.com

___

日付：＿＿＿＿＿＿＿＿＿＿＿

署名：＿＿＿＿＿＿＿＿＿＿＿

Q28 サロンで販売する商品の 広告／サプリメントの販売

 エステサロンで健康サポートのためのサプリメントの販売を 考えています。広告を出す際に気を付ける点はありますか？

≫Answer サプリメント販売の宣伝広告では、原則、健康保持効果や 医薬品的な効能効果を表示することができない点に注意してください。宣 伝広告として表示できる内容は、カロリーや配合されている成分等、食品 表示法上の内容にとどまります。

知　識　そもそもサプリメントとは？

サプリメントというと、栄養補給目的で摂取するものというイメー ジがありますが、法的には「食品」に分類されます。したがって、「食 品」で表示できる内容しか宣伝広告できないことになります。

知　識　食品は一般食品と保健機能食品に分けられる

「食品」と一口にいっても、さらに分類が可能です。大きくは、一 般食品と保健機能食品の2種類に分類できます。サプリメントは基本 的に一般食品に該当しますが、手続きによっては、保健機能食品とし て、法律で規定された内容の効能効果を宣伝広告することが可能です。

知　識　食品の分類はどうやって決まる？

　行政等に届出や許認可を得ずにサプリメントを販売しようとする場合、基本的には一般食品として販売すると考えて差し支えありません。一方で、保健機能食品に該当するかどうかは、卸元（メーカーや販売代理店）に確認すればすぐにわかる内容かと思います。

　販売する商品の食品分類を確認し、食品分類に沿って、宣伝広告できる内容の範囲内で表示するようにしましょう。

知　識　一般食品で表示できる内容

　一般食品として宣伝広告する場合、表示できる効能効果は多くありません。具体的には、食品表示法上定められている栄養成分表示（カロリーや配合される糖分、たんぱく質、脂質等）のほか、健康保持効果（健康を維持するといった表示）や栄養補給のみです。したがって、「○○を改善する」といった健康増進効果は表示できず、ましてや「病気が治る」といった医薬品的な効能効果の表示は行うことはできませんので、十分に注意しましょう。

　ちなみに、保健機能食品の場合、例えば栄養機能食品であれば、食品表示基準で定められた内容を表示することが可能となりますし、機能性表示食品や特定保健用食品であれば、届出もしくは許可を得た効能効果を表示することが可能となります。

対応方法　違法な宣伝広告とならないよう注意する

　宣伝広告の内容を規制する法律は複数ありますが、主として景品表示法や健康増進法等が挙げられます。上記の食品の分類で認められた内容の範囲外の表示をした場合、これらの法律に違反するものとして、行政から指導や法的措置が採られる可能性があります。

　具体的には、「行政指導」といって、単に宣伝広告の内容を改善するように指導されるものから、「課徴金納付命令」といって、金銭の支払いを求められるケースもあり、規模の大きい事業者にはかなりの損失となります。万一、行政側から指導等がされたら、まずは素直に従い、宣伝広告の内容を修正することが重要でしょう。

　ちなみに、最も避けなくてはならないのは薬機法違反です。薬機法に違反すると、最悪の場合、逮捕されることもあります。病気の治療等の効能効果は絶対に謳わないよう注意してください。

対応方法　第三者を利用した宣伝広告にも注意する

　事業者がWebサイトで商品の宣伝広告をしたり、エステサロンのお客様に口頭で商品の説明をしたりするなど、自ら宣伝広告をすると上記のように規制対象になることから、第三者に宣伝広告を依頼すれば規制を免れるのではないかとも考えられます。

　しかし、第三者を介したとしても、宣伝広告に効能効果が表示されていれば、依頼をした事業者の責任は免れないものと考えられます。また、仮に効能効果を謳わずに、単に商品を使用しているのみにとどまる内容の場合でも、ステマに該当する可能性もあります（*Q19*）。第三者に広告を依頼したからといって、必ずしも問題ないというわけではありません。

まとめ

　エステサロンで販売するサプリメントを宣伝広告する場合、食品の種別から宣伝する内容、方法に至るまで、注意すべき点は複数あります。各法規制の範囲内で行うようにしましょう。法律に違反するとペナルティーは免れられません。表示する内容が適法なのか違法なのかがわからない場合は、各都道府県の薬務課に問い合わせ、確認するのがよいでしょう。

Q29 競合他社との比較広告／二重価格表示

広告に自社の価格を記載する際、例えば、「Ａ社では3,000円の商品を、当店は2,000円で販売！」という形で、競合他社の価格も記載することで、自社の商品をお得に見せようと思いますが、気を付けることはありますか？

≫ Answer　競合他社について言及する広告は、「比較広告」として適正な要件を備えているかどうか、慎重に検討する必要があります。適正な要件を備えていれば問題ありませんが、要件を欠いていると、有利誤認表示等に該当してしまうので、比較広告ガイドラインをよく確認しましょう。

　また、価格についての比較をするのであれば、競争事業者の販売価格を比較対照価格とする「二重価格表示」ととらえることになり、価格表示ガイドラインに沿って、比較内容が適切かを検討する必要があります。

　もっとも、これらの要件を満たしても、他社からのクレームについては常にリスクを意識すべきでしょう。

知　識　比較広告とは

　一般に、自社と他社の商品ないし役務について、比べて表示する広告を、比較広告といいます。それに関連して、景品表示法5条は、事業者が行ってはならない表示として、以下を規定しています。

> ①　商品又は役務の品質、規格その他の内容について、一般消費者に対し、…事実に相違して当該事業者と同種若しくは類似の商品若しくは役務を供給している他の事業者に係るものよりも著しく優良であると示す表示…
> ②　商品又は役務の価格その他の取引条件について、…当該事業者と同種若しくは類似の商品若しくは役務を供給している他の事業者に係るものよりも取引の相手方に著しく有利であると一般消費者に誤認される表示…

　要するに、いわゆる競合他社の商品ないし役務に関して、自社と他社を比べ、その内容または価格等について、自社のほうが優良であるとか、自社のほうが安いと「誤解」させる表示をしてはならないということを定めています。もっとも、誤解させる表示を不当表示として規制しているのであり、自社と他社を比べる広告すべてを禁止するものではありません。そこで、以下では、どういった比較広告であれば認められるかを確認していきます。

知識　適正な比較広告の要件

　消費者庁は、「比較広告に関する景品表示法上の考え方」（比較広告ガイドライン）にて、適正な比較広告の要件を示しています。下記3つの要件をすべて満たす比較広告は、不当表示に該当しないものとされています。

> ①　比較広告で主張する内容が客観的に実証されていること
> ②　実証されている数値や事実を正確かつ適正に引用すること
> ③　比較の方法が公正であること

　①の要件は、実証が必要な事項の範囲・実証方法・実証の程度・実証のための調査機関が適切であることが必要です。要するに、広告で主張する内容に対応する実証結果が存在し、その実証方法も適切かつ十分で、その結論を導き出す調査機関自体も広告主との利益関係がないこと等が必要になります。

　②の要件は、実証されている事実の範囲内で引用すること、調査結果の一部を引用する場合には調査結果の趣旨に沿って引用することといった調査結果を適切に引用すべき要請と、調査機関・調査時点・調査場所といった調査方法に関するデータを広告中に表示すべきという要請から構成されています。

　また、③について、同要件を満たすためには、比較する項目を適切に選択していること、比較の対象とする商品を適切に選択していること、主張する長所と不離一体の関係にある短所について、記載していることが必要とされています。

　これらガイドラインに記載されている要件を見ると、どの要件も、比較という訴求力の高い表示方法をするにあたり、一般消費者に誤解を与えないようにするためのものであることがわかります。他社の商品・役務に関する情報を記載することから、その情報自体に誤りがあると上記要件を欠いてしまうことにつながりますし、比較をする以上、比較する対象・項目・前提をそろえることが重要になります。そういった大まかな観点から、各要件を充足しているか確認をしましょう。

> ### 検　討　競合他社の商品の価格を記載する比較広告は、認められるのか？

　価格を記載する比較広告については、比較広告の要件を満たすことも必要ですが、「競争事業者の販売価格を比較対照価格とする二重価格表示」にも該当することから、二重価格表示としても問題ないかを確認する必要があります。しかしながら、二重価格表示として適切なものであれば、当然に比較広告の要件も満たしますので、価格に関す

る比較広告については、二重価格表示として問題がないかどうかを確認すれば足りることになります。

　消費者庁の「不当な価格表示についての景品表示法上の考え方」(価格表示ガイドライン) によると、競争事業者の販売価格との比較がなされる場合、一般消費者は、同一の商品について代替的に購入し得る事業者の最近時の販売価格との比較が行われていると認識する、とされています。

　そういった観点から、①商品が同一か否か、②比較する価格が最近時のものか否か、③比較相手の事業者と商圏が合致するか否か、といった点を特に注意する必要があります。また、比較する価格についても、特定の競争事業者の価格なのか、市価なのかによっても、検討すべき要素が異なります。

　設問は、A社という特定の競争事業者の販売価格との比較になっています。そこで、①当該商品が同一であり、②A社において最近時にも3,000円での販売をしており、③A社と当社が地理的にも近接しており、一般消費者からみて商圏が重なっている場合には、このような表示は問題ないものと考えられます。

　なお、①の商品の同一性ですが、同じメーカーの同じ品番であるだけでは足りず、例えばA社は新品であり、当社は中古品である等の違いがある場合も、同一とはいえないことに注意してください。

　また、③の商圏が重なっているというのは、上記一般消費者の認識のうち、「代替的に購入し得る事業者」であるといえるか？という観点からの検討要素なのですが、例えば、A社は北海道の店舗で、当社は東京都の店舗だとすると、一般消費者がA社と当社を代替的に利用するとはいえないだろう、ということになります。そうだとすると、そもそも比較する相手として相応しくない、ということから、消費者に対する誤解につながることとなります。

注　意

　上記で見てきたように、消費者庁のガイドラインに沿って比較広告をする分には、行政の側から指摘を受けることは多くないでしょう。しかし、どんなに適正な比較広告であっても、対象とされた側からすれば、納得が得られないことはあり得ます。

　そのため、他社商品との比較をした広告を行う場合、当該他社からのクレームについては、常にそのリスクを意識することが必要となりますので、注意してください。

ま　と　め

　比較広告としてでも、二重価格表示としてでも、結局のところ、一般消費者に誤解を与えないように比較をし、表示することが重要です。そのためには、比較をするにあたって、比較する対象・項目・前提等を揃え、比較する商品が互いに代替するものかどうか、といった観点を持っておくことが重要です。消費者庁は、ガイドラインにて、具体例をあげつつ検討すべき要素を解説していますので、これから行おうとしている表示はどの要素を検討すべきものなのかを確認してから、広告を作成するようにしましょう。また、他社商品との比較広告は、ガイドラインに沿った適正な比較広告であっても、他社からクレームを受けるリスクがあることも忘れないようにしましょう。

Q30 施術の効果を謳う広告表示

> ECサイトでエステサロンのサービスを紹介しようと思います。「必ず痩せます」「スタイルがよくなります」等と表示したいのですが、問題はありますか？

≫Answer エステサロンの広告表示を考えるうえでは、薬機法、医師法、景品表示法等のそれぞれの観点からの検討が必要です。

知　識　薬機法との関係にみる注意事項

まず、前提として、薬機法は、化粧品や医療機器等の販売を規制する法律であるため、エステサロンが提供する役務（サービス）それ自体については、薬機法の適用対象外になります。

したがって、エステサロンにおける施術について、美容エステに認められる効果を超える効果について広告したとしても、そのこと自体が薬機法との関係で問題になることはありません。もっとも、次の点には注意が必要です。

① 施術に使用する機器の効果を広告する場合

エステサロンでは、医療機器の利用を禁じられているので、明らかに医療機器といえるものを使用しているエステサロンは少ないでしょう。しかし、施術に利用する様々な機器の広告で、医療機器の効果を訴求するものには、薬機法における、未承認の医療機器に関する効能

効果を訴求する広告の禁止が適用される可能性があります。

　薬機法上、医療機器は「人若しくは動物の疾病の診断、治療若しく
は予防に使用されること、又は人若しくは動物の身体の構造若しくは
機能に影響を及ぼすことが<u>目的とされている</u>機械器具等」と定義され
ています（下線は筆者による）。要するに、薬機法では「目的」を基
準に医療機器該当性を判断するということです。

　とすれば、エステサロンが施術に使用している機器（医療機器では
ないもの）について、広告上、医療機器にしか認められていないよう
な効能効果を訴求していると、（実際にはそういった効果はなくとも）
当該機器は上記のような目的をもつ機器として「医療機器」と判断さ
れる可能性があります。

　仮に医療機器と判断されると、エステサロンが未承認の医療機器に
ついて広告をしているものと評価され、薬機法に抵触することとなり
ます（⇒*Q31*参照）。

②　化粧品や美容機器を販売する場合

　上記の通り、薬機法では、化粧品や医療機器の販売を規制していま
す。エステサロンが化粧品を販売している場合、販売広告の内容とし
て、化粧品の効能効果を超える内容を記載したり、単なる美容機器に
医療機器に認められるような効能効果があるように謳ったりして販売
することは、薬機法に抵触しますので、注意が必要です。

［　知　識　］　**医師法との関係にみる注意事項**

　医師資格等の一定の資格を持つ人以外は、医療行為ができません。
そのため、エステサロンでは、医療行為に当たるような施術（脂肪吸
引や脂肪細胞の破壊等）を内容とする施術をすることはできません。

　痩身を目的としてエステサロンができるのは、医療行為に当たらな
いような、むくみの改善程度の一時的な効果を伴う施術に過ぎません。
したがって、エステサロンによる施術で「必ず痩せる・スタイルがよ

くなる」効果を得られることは通常考えらないでしょう。

　逆に言えば、「必ず痩せる・スタイルがよくなる」施術を真実に提供しているとなれば、そのエステサロンでは医療行為を施しているのではないかという問題が浮上することになります。

知　　識　景品表示法や特定商取引法との関係にみる注意事項

　景品表示法は、実際のサービスより著しく優良なものと示す表示や、事実に相違して競争業者のサービスよりも著しく優良と示す表示（優良誤認表示）を禁止しています。

　上述の通り、エステサロンの施術に「必ず痩せる・スタイルがよくなる」効果まではないので、そのような効果を広告することは、実際のサービスより著しく優良なサービスであると示す表示として、優良誤認表示に当たると考えられます。

　優良誤認表示とみなされた場合、行政庁から、当該表示が優良誤認表示に当たらないことの合理的な根拠の提出を求められることがあります。この合理的な根拠があると評価されるハードルは実務上非常に高いといわれているうえ、エステサロンで可能な施術に必ず痩せる効果を伴う施術は考えられない以上、合理的な根拠の提出はそもそも不可能と考えられます。

　また、特定商取引法も、誇大広告を禁止していますので、あわせて注意が必要です。

ま　と　め

　エステサロンが施術に関する効果を広告するにあたっては、上記のような法令に抵触しないよう注意する必要があります。

　特に薬機法や景品表示法違反に当たる場合、課徴金納付が命じられることがあるので、宣伝広告効果だけを考えて広告表示を決めることには、大きなリスクがあるといえます。

Q31 医療機器／
効能効果の表示

 ECサイトで、エステサロンで使用している機器の紹介をしよ
うと思います。その際、痩身効果やシェイプアップ効果をアピー
ルしたいのですが、これらの表現を用いることは可能ですか？

≫Answer 使用している機器が医療機器だと誤認させるような表示を
しないよう注意が必要です。

知　　識　医療機器と薬機法との関係

　化粧品や医療機器等の販売を規制する法律として薬機法が規定され
ています。

　エステサロンが提供するのは役務（サービス）であり、販売ではあ
りませんので、エステサロンの施術自体について広告するだけであれ
ば、基本的には薬機法の適用対象外になります。

　一方で、薬機法は、広告において、未承認の医療機器に関する効能
効果を訴求することを禁止しています。もっとも、エステサロンでは、
医療機器の利用を禁じられていますので、明らかに医療機器といえる
ものを使用しているエステサロンは少ないかと思います。

　しかし、薬機法上、医療機器は「人若しくは動物の疾病の診断、治
療若しくは予防に使用されること、又は人若しくは動物の身体の構造
若しくは機能に影響を及ぼすことが目的とされている機械器具等」と

定義されており、「目的」を基準に医療機器該当性を判断されます。

　そのため、エステサロンが施術に使用している機器について、広告上、医療機器でしか認められないような効能効果を表示していると、（実際にそういった効果があるか否かにかかわらず）当該機器は上記のような目的をもつ機器として「医療機器」と判断される可能性があります。なお、医療機器にしか認められない効能効果とは、抽象的にいえば、疾病や疾患の治療や予防を目的とする機器、人体への作用が大きい機器等といった内容となります。

　そして、仮に医療機器と判断されると、エステサロンが未承認の医療機器について広告をしているものと評価され、薬機法に抵触することとなり、罰則が科されることになります。この場合、実際にそのような広告を表示した法人の代表等に対し、刑事罰が科されることもありますので、十分に注意が必要です。

　設問の場合、例えば、代表的な美容機器であるEMSについて表示が認められるのは「筋肉を刺激する」「トレーニングする」といった、運動を補助する物理的な効果までであり、痩せるといった痩身効能効果までは認められません。

　それにもかかわらず、使用している機器に痩身効果があると表示（そのような効果を暗示する表現も含みます）することは、たとえそのような効果が事実であったとしても、当該機器が痩身効果を目的とするものとして医療機器に該当すると判断され、ひいては当該広告が薬機法違反になるおそれがあります。

知　識　景品表示法や特定商取引法、医師法との関係

　景品表示法は、実際のサービスより著しく優良なものと示す表示や、事実に相違して競争業者のサービスよりも著しく優良と示す表示（優良誤認表示）を禁止しています。そして、薬機法と異なり、景品表示法は、役務提供の場合にも適用があります。

　また、特定商取引法は、誇大広告を禁止しています。

　エステサロンの広告においては、美容機器だけを宣伝するというより、美容機器の使用を含めた全体の施術内容を宣伝することが多いと思います。

　設問のような広告をすることで、美容機器を使用して得られる施術全体の効果というのが、（痩身効果の乏しい）美容機器を使用しての施術結果として、過大な表現となっていると、優良誤認表示や誇大広告に該当するおそれがあるところです。また、施術の広告内容が、疾病の治療や予防にまで及んでいると医療行為とみなされるおそれがあることにも注意が必要です。

まとめ

　機器自体の効能効果を謳うことは薬機法に抵触する可能性があり、また、施術の過程で機器を用いた施術の効能効果を謳うことは、景品表示法等に抵触する可能性があります。このような法律を踏まえた表現をする必要があるといえるでしょう。

━・効果の説明・━━◆━

Q32 施術前・施術後の写真掲載／宣伝広告

 エステサロンのお客様の施術前、施術後の写真を掲載して、効果を宣伝しようと思っています。気を付けるべき点はありますか?

》Answer 施術前・施術後の写真を掲載して、効能効果を保証するような広告や、1回の施術で効果を得られるかのような広告をすることは、優良誤認表示や誇大広告として景品表示法や特定商取引法違反になるおそれがあるので、注意が必要です。

知　識 優良誤認表示による景品表示法違反、誇大広告による特定商取引法違反に注意する

エステサロンの広告で施術前・施術後の写真を掲載すること自体は、法律上、禁止されていません。

もっとも、景品表示法は、役務の内容について、実際のものよりも著しく優良であると示し、または事実に相違して他の事業者のものよりも著しく優良であると示す表示を優良誤認表示として規制しています。

また、誇大な広告については、特定商取引法上も、禁止されているところです。

施術前・施術後の写真を掲載するにあたっては、これら広告の規制法に抵触することがないよう、注意する必要があります。

　例えば、施術前・施術後の写真が、1回の施術の前後を比較し、施術の結果、顔が小さくなっている写真や、目に見えて痩せた写真を掲載したとします。このような小顔効果や痩身効果は、エステサロンの施術では得られない効果（医療行為と誤認させる）を謳うものといえます。

　また、効果の得られ方というのも、個々人によって差があるところであり、すべての人が同じような効果を得られるような保証的な広告と評価されるおそれがあります。たとえ「個人差があります」と注記をしたとしても、規制をする行政はそのような注記の存在を評価しません。

　このような広告は、優良誤認表示や誇大広告として景品表示法や特定商取引法違反になるおそれがあります。

対応方法

　仮に施術前・施術後の写真を掲載する場合、両者の写真は、必ず同じ条件の写真を用いる必要があります。当たり前のことではありますが、施術前・施術後で別の人物の写真を用いるようなことはもっての外ですし、同じ人物の写真であってもメイクの有無といった点で変化をつけることも控えるべきです。

まとめ

　施術前・施術後の写真は、効果をわかりやすく伝え、印象付ける点で、エステサロン側としてぜひとも採用したい宣伝広告ですが、その分、強い効果を謳う広告になりやすいため、上記各法令違反にならないよう十分に注意する必要があります。

　なお、施術に際して使用する美容機器の効果もあわせて訴求する場合については、*Q31*も参照してください。

Q33 HP／お客様の声／ステマ広告

 自社のHPにお客様の声を紹介しようと思うのですが、何か気を付けることはありますか？

≫Answer 掲載したお客様の声（口コミ）は、エステサロン側が選択したものであり、責任が発生します。景品表示法（ステマ規制を含む）や薬機法等に違反しないよう注意しましょう。

知　識　純粋な口コミでもHPに掲載すれば広告扱いになる

　エステサロンが内容に関与せず、純粋にお客様から寄せられた声であっても、それを自社のHPに載せた時点で、エステサロンが広告したことになるので、まずこの点に注意が必要です。

知　識　広告表示は景品表示法等に違反してはならない

　エステサロンが提供するサービスについては、景品表示法によって、事実に反する広告や、実際の施術内容より著しく優良なものであると示すような広告表示はしてはならないと定められています。

　また、特定商取引法は、誇大広告を禁止しています。

知　　識　施術内容・広告は薬機法に違反してはならない

エステサロンの施術内容は、医療行為や医療機器に認められるような効果を伴うものであってはならず、エステサロンの施術に認められる効能効果の範囲を超えた広告は、薬機法に抵触します（⇒*Q30*、*Q34*参照）。

対応方法　お客様からの声を載せる際の注意

お客様の声（口コミ）の内容が、上記の通りエステサロンの施術結果として認められる効果を超えて医療行為や医療機器によってしか得られない効果（例えば、「痩せられた」「顔が小さくなった」など）に及ぶ場合、景品表示法や薬機法等に違反することとなります。

エステサロンとしては嬉しいお客様の声であり、つい掲載したくなりますが、たとえお客様の声というかたちをとっても、エステサロンの広告の内容となり、その内容はエステサロン自身が決めたものにほかなりません。したがって法令違反についての責任追及もエステサロンが受けることになるので、注意が必要です。

HPに載せる内容に関しては、これらの法律に抵触するような内容になっていないかしっかりと確認してから掲載するようにしましょう。

知　　識　景品表示法改正・ステマ規制の対象に

その他、令和5年10月の景品表示法改正で、実際は広告であるのに消費者が広告であると判別することが困難な広告（いわゆるステルスマーケティング（ステマ）広告）も規制されるようになりました。そのため、例えば、お客様の声を掲載するにあたりエステサロン側で内容を編集したり、良い口コミを記載してもらう代わりに対価を与えたりしている場合には、景品表示法違反となります（⇒*Q19*参照）。

ま と め

　お客様の声は、他の消費者にとってもとても魅力的に映るものですが、そのままの形で掲載してしまうと、法律に抵触してしまう可能性があります。HPなどに載せる場合は十分に内容を確認し、また、良い口コミを投稿してもらう代わりに報酬を支払うような、ステマ広告に該当するような行為は避けるようにしましょう。

Q34 HP/口コミによる 効能効果の掲載

お客様から、「肩やヒザの痛みがとれた！」「生理痛が緩和された！」とよく言っていただけるので、HPでお客様の声として紹介し、施術メニューとして「ヒザや関節痛の治療、生理痛の緩和」を新たに始めようと思うのですが、問題はありますか？

≫Answer メニューの内容自体や広告表現が医療行為や治療効果に及ばないよう注意が必要です。

知 識 エステサロンが施術できる内容

前提として、エステサロンにおいて医療行為はできません。医師法上、医療行為には医師免許の取得が必要とされているためです。なお、マッサージを行うにも、あん摩マツサージ指圧師、はり師、きゆう師等に関する法律（いわゆる「あはき法」）での免許取得が必要とされています。関節痛や生理痛の治療を行うことは、医療行為に該当するため、エステサロンで行うことはできません。したがって、上記のようなメニューを設けること自体、法律違反になるといえます（⇒*Q10*も参照）。

知 識 広告表現

広告に関する規制としては、まず景品表示法が、役務の内容につい

て、実際のものよりも著しく優良であると示し、または事実に相違して他の事業者のものよりも著しく優良であると示す表示を優良誤認表示として規制しています。また、特定商取引法は、誇大広告を禁止しています。

　上記の通り、エステサロンで関節痛の治療等を行うことができず、通常そういった効果を実際に期待することはできない以上、広告であたかも関節痛の治療的効果が期待されるように謳うことは優良誤認表示等に該当すると考えられます。

　特に行政が優良誤認表示かどうかを判断する際には、広告の内容について合理的根拠があることを示すことを求められます。仮に合理的根拠があるといえる場合、景品表示法違反は免れますが、その場合、関節痛等の治療をしているということになりますので、今度は上記の通り医師法違反ではないか、という問題が出てきます。

　例えば、エステの施術で血行が促進される結果、一時的に生理痛が緩和されるという二次的効果は必ずしも否定されないとは考えられますが、だからといって、エステサロンの施術の結果、正面から生理痛改善等の効果を得られるように広告することにはリスクを伴います。特に生理痛が「治る」「改善する」「解消する」といった医療行為を想起させる表現を用いることは避けるべきといえます。

　なお、HP等でよくある「お客様の声」については、文字通りお客様の声を掲載しただけであり、エステサロンが内容を用意したものではないから、違法にならないのではないか、と考えがちかもしれません。

　しかし、あくまでもHPは、エステサロンが用意した広告媒体であり、何を掲載するかもエステサロンが判断できるものである以上、たとえ真実、お客様からあった感想等であっても、それを掲載すれば、エステサロンの広告の一部と評価されます。

　したがって、お客様の声として掲載する場合でも、その内容については、上記点に注意する必要があります（⇒*Q33*参照）。

第3章
お客様との問題に関する
Q&A

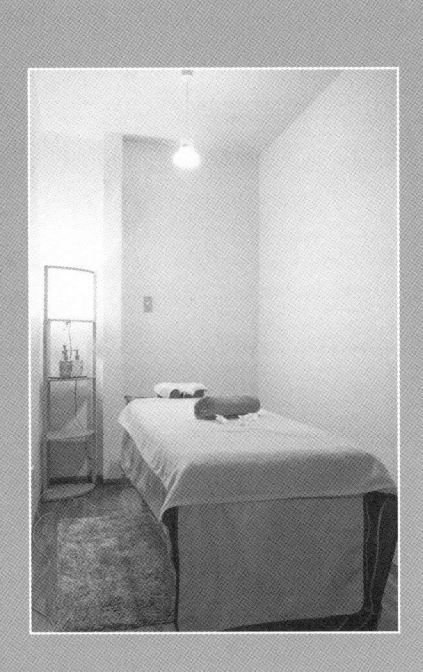

Q35 キャンセル料の請求／キャンセルポリシー

遅刻や無断キャンセルを繰り返すお客様には、どのように対応すればよいでしょうか？　当サロンは、完全予約制としており、当日キャンセルの場合は施術料相当額をいただくことにしていますが、問題ないでしょうか？

≫Answer　お客様との契約書や利用規約などに、遅刻やキャンセルに関する規定（キャンセルポリシーといいます）を定めておくとよいでしょう。また、キャンセルポリシーにおいて、当日キャンセルの場合は施術料相当額をキャンセル料として請求することを定めていれば、キャンセル料の請求は可能と考えられます。

　注）以下では、<u>特定継続的役務提供とはならない単発の施術を対象として解説します。</u>

| 知　　識 | 遅刻・キャンセルで施術をしていないなら施術料は請求できない？ |

　お客様は、エステの施術を受けたらその対価（施術料）を支払うものと考えています。エステサロン側も、施術をしたらお客様から対価（施術料）を受け取るものと考えていることが多いかもしれません。このような理解の下では、お客様が予約した日時に遅刻したり、キャンセルしたりしても、施術をしていないから施術料は請求できないことになります。つまり、売上が失われることになります。実際、施術

を受けていないお客様がエステサロンに施術料を支払うことは考えにくいです。

知　　識　　法律の原則的な考え

施術をしなければ施術料の支払いは発生しないというのも1つの考えではありますが、民法上の考えは少し異なります。

例えば、令和○年○月○日午後2時から午後3時30分のコース（施術料11,000円）でAさんがエステサロンを予約したとします。そして、当日の午後1時30分にAさんが理由もなく予約をキャンセルしたとします。

エステサロンとAさんとの契約上の合意は、以下の通りです。

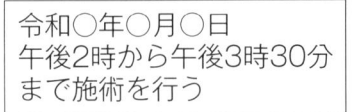

| 令和○年○月○日
午後2時から午後3時30分
まで施術を行う | 合意 | 予約した日時に施術を
受け、施術料11,000円を
支払う |

民法上の考えに基づけば、Aさんが一方的に予約をキャンセルすれば、Aさんは施術料を支払わなければなりません。ただ、エステサロンも、Aさんに施術をしなかったことによって、施術用のオイルや使用するはずであったタオルなどの費用を免れています。この免れた分は施術料から差し引く（「損益相殺」といいます）必要があります。

ですので、上記のキャンセルの例を基にすると、Aさんはエステサロンに対し、施術料11,000円からエステサロンが免れた費用を控除した分を支払うことになります。

損益相殺

| キャンセル代11,000円
（施術料相当額） | － | エステサロンが免れた費用
（施術用のオイルや使用
するはずのタオル等の費用） | ＝ | お客様に
請求できる額 |

対応方法　キャンセルポリシーの必要性

　施術をしなければ施術料の支払いは発生しないという考えは、エステサロンにとって酷だといえます。また、民法上の原則的な考えは、お客様とエステサロンにとって公平な考え方ではありますが、エステサロンが免れた費用を計算するのは非常に面倒です。

　このとき、あらかじめお客様との契約書や利用規約などに遅刻やキャンセルに関する規定を設けておけば、お客様との間のトラブルや、売上が減少するというリスクを避けることができます。この遅刻やキャンセルに関する規定のことをキャンセルポリシーといいます。飲食店や旅行の予約の際にも見かけたことがあると思いますが、同じような内容をエステサロンにおける契約書や利用規約などに盛り込んでおくことになります。

対応方法　キャンセルポリシーに盛り込むべき項目

① 　キャンセルポリシーの目的

　キャンセルポリシーの目的は、エステサロンの売上減少の防止、お客様とエステサロンとの間の費用の公平な負担、お客様とのトラブル防止などにあります。目的を意識しつつ、内容を考えていくのがよいでしょう。

② 　キャンセル料の定め

　エステサロンの売上減少の防止の観点からすると、お客様が遅刻やキャンセルをした場合でも売上が減少しないように定めればよい（キャンセル料を定める）ことになります。

　例えば、予約の10日前まではキャンセル料なし、9日前から7日前まではキャンセル料30%、6日前から2日前まではキャンセル料50%、当日キャンセルは100%などと規定することが考えられます。上記の日数やキャンセル料の割合は、実際に運営しているエステサ

ロンの状況（○日前なら他のお客様の予約が入る可能性があるなど）
を加味して決めるのがよいでしょう。

③　キャンセル料のかかる時期や割合

　お客様とエステサロンとの間の費用の公平な負担を考えると、予約後のキャンセルについては常にキャンセル料が100％かかる、高額な違約金が発生するとなると、バランスが悪いです。上記の例でも触れたように、予約キャンセルと予約日との関係からキャンセル料を定めることによってバランスをとることが考えられます。

④　遅刻とキャンセルの関係

　お客様が遅刻する時間は、当然一定ではありません。そのため、遅刻とキャンセルとの関係も定めておくとよいでしょう。

　例えば、予約日時から30分以上遅刻した場合にはキャンセル扱いとする、30分以内の遅刻では残りの予約した時間（施術時間が短くなる）で施術をするものの、当初の予定通りの施術料をいただくなどと定めておくことが考えられます。

⑤　複数回の遅刻やキャンセルで事前予約禁止

　遅刻やキャンセルの頻度が高く、エステサロンとしても、そのお客様との関係を断ち切りたいと思っている場合には、例えば、○回以上の遅刻やキャンセルをした場合には、事前予約を禁止するといった規定を設けることも考えられます。

対応方法　実際に当日キャンセルをされた場合は？

　例えば、キャンセルは前日までの受付とし、当日キャンセルの場合は施術料相当額をキャンセル料として請求するとキャンセルポリシーに定めていれば、当日キャンセルに対して施術料相当額のキャンセル料を請求することは可能です。

　ただ、1回の施術料は数千円から数万円程度ということが多いかと思います。そうなると、実際に請求をするには労力や時間等がかかる

ため、現実的ではないかもしれません。そういった場合には、予約の段階で、事前にカード決済をしておくのも1つの手段です。

　なお、ここでは、特定継続的役務提供の対象となっていない単発の施術を対象としています。特定継続的役務提供の対象となる施術の場合には、クーリング・オフや中途解約の規定の適用があります。クーリング・オフの場合には、キャンセル料の定めは無効となります（⇒*Q4*参照）。また、中途解約の場合には、特定商取引法の定める損害賠償の上限を超えるキャンセル料の定めは無効となります（⇒*Q6*参照）。その点、十分に注意しましょう。

Q36 美容機器での施術事故・健康被害／サロンの対応

脱毛器の先端が落下してお客様が火傷を負い、トラブルになってしまいました。施術後の健康被害について、エステサロンに求められる対応を教えてください。

≫Answer お客様に対して適切な金銭的な賠償をしましょう。そして、再発防止策を講じるようにしましょう。また、こうした事態に備えて賠償保険に加入しておくことも必要と考えます。

知　識 不法行為とは？

民法709条では、「故意又は過失によって他人の権利又は法律上保護される利益を侵害した者は、これによって生じた損害を賠償する責任を負う」と規定されています。今回、美容機器等の故障によって火傷が生じ、お客様は身体に傷害を負っています。その原因が、エステ施術者の故意または過失によって生じたといえる場合には、エステサロンはお客様に対して不法行為責任に基づく賠償をしなければなりません。

施術者が故意（意図的）にお客様を傷つけるケースはあまり想定できないため、問題となるのは施術者の過失（不注意）の有無となります。エステサロンでは、基本的には医療行為と異なり、身体に大きな影響を及ぼすような施術を行わないため、施術者のミスが一切ないのに、お客様がケガを負うというケースはなかなか想定できません。

　他方で、お客様の身体に生じた健康被害が、エステサロンでの施術と因果関係があるのかという点は、慎重に判断すべきです。施術直後に火傷が生じていたり、皮膚に違和感があったりといった場合には、因果関係があることが明白でしょう。一方、施術後数日経過してから健康被害を訴えられた場合に、施術との因果関係があるといえるかは、悩ましいところです。法的な観点からは、因果関係の立証はお客様側がすることになるため、不当な要求に応える必要はありませんが、会社としてどのように対応すべきかをあらかじめ決めておくことをおすすめします。

［知　識］施術ではなく、美容機器に問題があったという反論は成り立つのか？

　そもそも「対お客様」との関係では、エステサロンが第一次的に責任を負うべきなので、仮に美容機器に問題があったとしても、それを理由に賠償を免れることはできません。また、エステサロンとしては、お客様に対し、当該機器がどのような仕組み・性質のもので、当該機器を用いた施術の効果はどのようなものか、そのメリット・デメリットを正確に説明する義務があります。仮にその時点でエステサロンとして当該機器を用いた施術は危険であると判断するのであれば、そもそも施術サービスを提供することを停止すべきです。

　ただ、エステサロンがお客様に賠償した後に、「対メーカー」との関係において、追って求償請求（お客様に支払った損害賠償の補填を求めること）することはあり得ます。健康被害が生じた原因が、当該機器を適切に使用していたにもかかわらず、突然発火した等の製品の欠陥があったといえるケースにおいては、製造物責任を問うことができます。もしくは、納品時の点検等外観からは発見することができない設計上のミスがあった場合なども、製造物責任を問うことができます。こういった場合には、エステサロンがメーカーに求償請求することも視野に入れてよいでしょう。もっとも、当該美容機器が輸入品で

すと、海外メーカーに対して製造物責任を追及していくことになりますが、事実上困難なので、使用している美容機器が国内産か輸入品かによって、求償請求のしやすさが変わってくる点には要注意です。

知　識　既に消費者庁・国民生活センターで注意喚起されているものも

　エステの施術には流行があり、昨今はHIFU（ハイフ・高密度焦点式超音波）を用いた施術が人気を集めています。効果としては、痩身、たるみの改善等が謳われています。

　しかし、このHIFUを用いた施術について、多くの事故報告があるのも事実です。そもそも「HIFUを用いた施術が医行為に該当するのではないか」「HIFUの機器は医療機器なのではないか」といった疑問が持たれている状況です。

　事故が多発したことで、消費者庁や独立行政法人国民生活センターも、HIFUを用いた施術に関する注意喚起を既に行っています。このような状況を踏まえると、エステサロンにてHIFUを用いた施術を行う際には安全性に十分に配慮すべきですし、医師法への抵触にも注意を払う必要があるといえます。

対応方法　賠償保険への加入を

　このように、エステサロンの施術によってお客様に健康被害が生じた場合、基本的にはエステサロンにおいて賠償をすることになります。もちろん、事故等を未然に防ぐのが一番ですが、あわせてエステサロンにおいて事前に賠償保険に加入しておくことを強くおすすめします。賠償保険に加入しておくことで、お客様への賠償対応がスムーズに進みますし、エステサロン経営のリスクヘッジとなります。賠償保険にも様々な種類がありますので、商品の内容を確認し、比較検討のうえ、一番適していると思われる保険に加入するようにしましょう。

Q37 美容機器メーカーの責任

弊社は脱毛器の製造販売をしているのですが、Q36のエステサロンから、脱毛器の先端が落下してお客様が火傷を負いトラブルになったとの連絡が入りました。弊社として対応すべきことはありますか？

≫ Answer　あくまでも一次的にはエステサロンとお客様との間でのトラブル処理となります。ただし、販売した脱毛器に不備があった場合、機器のメーカーに対する賠償の問題となり得ます。他方で、エステサロンにおける使用方法に問題があるケースもあるので、まずは事故原因の究明が必要です。もっとも、ケガをされたお客様のケアを一番に考えることはいうまでもありません。

知　　識　機器メーカーが責任を負う場合とは？

　エステサロンが免責され、エステサロンで使用していた機器のメーカーが責任を負うケースとはどのような場合でしょうか。

　メーカーは、あくまでも脱毛器をエステサロンに卸すところまでしか関与しておらず、エステサロンとお客様との間で生じたトラブルには直接関与しない立ち位置にいます。そのため、お客様から直接請求を受けるのはエステサロンで、機器メーカーが直接請求されることはあまり多くはありません。

　他方で、機器の販売メーカーは、エステサロンとの関係において、「不備のない製品を売る」という義務があります。仮に脱毛器自体に不備があったとなると、エステサロンに対しては契約責任に基づいて、賠償をしなければならないことになります。

　ここで問題になるのは、エステサロン側は「脱毛器に不備があった」と主張し、メーカー側としては「エステサロン側の使用方法等に問題があった」と主張する場合です。

　本件では、「脱毛器の先端が落下した」ことが原因でお客様が火傷を負っているということになりますが、「なぜ先端が落下したのか？」という原因の究明が必須です。例えば、もともと脱毛器は落下防止のロックをかけられる仕組みにしてあったにもかかわらず、施術者がロックをかけ忘れたのであれば、エステサロン側の使用方法に問題があったことになります。反対に、販売時点でその脱毛器の先端が取れやすい状態にあり、かつ、納品時の検査ではそれが判明しなかったような場合は、脱毛器に不備があったといえるでしょう。

　もっとも、脱毛器の使用状況・使用年数に応じて経年劣化することは当然想定されるわけですから、エステサロンにおいては日々の点検等を行って、不備を発見するよう心掛ける必要があります。

　このように、脱毛器の不備が原因なのか、エステサロン側の機器の使用方法が問題なのか、どちらか一方の問題と判断できるケースはかなり限られるものと思われます。そのため、どちらの責任か明確にならない場合で、どうしても双方譲らない場合は、最終的には裁判にならざるを得ませんが、時間・費用がかかり、精神的にも大きな負担となります。そのため、金額の大きさや事情等を勘案し、納得できない部分があっても、当事者同士の話合いで決着をつけることも重要ですので、臨機応変に対応するようにしましょう。

知　　識　　製造物責任（PL）法とは？

　本件の設定場面を前提にすると、メーカーの責任かエステサロン側の問題かを切り分けるのは難しいと考えられます。しかし、一般論として、メーカーは「製造物責任」を負っています。

　製造物責任とは、製品に欠陥があり、それによって被害が生じた場合、製品を製造した業者等が、その製品の欠陥によって発生した損害について負う損害賠償責任のことをいいます。本件でいえば、お客様が被った損害で、治療費や慰謝料、仕事を休まなければならない場合の休業補償費用といった費用となります。そういった責任を規定したのが製造物責任法です。

　製造物責任法では、被害者が製造物の欠陥を立証できれば、加害者側の過失までを立証しなくとも損害賠償責任を認める建付けになっており、被害者側の立証ハードルを低くしている点に意義があります。実際に製造物責任に基づく損害賠償請求が認められる場合の例としては、使用者が適切に使用していたにもかかわらず、突如製品が発火した場合等が考えられます。そういったケースでは、通常有すべき安全性を欠いていたと認定されることがあります。

　メーカーの立場としては、こういった製造物責任を負っている自覚を持ち、製品に十分な安全性が備わっているかに留意する必要があります。

対応方法　　まずはお客様のケアを第一に

　エステサロン側とメーカー側の責任の切り分けについて見てきましたが、お客様がケガを負った場合、まずはお客様のケアを第一に考え、治療費の支払いや謝罪等心身のケアを行います。

　最終的にエステサロンかメーカーのいずれが責任を負うにしろ、お客様の身体的、精神的損害を最小限にすることが何より重要であり、

誰が何の責任を負っているかを整理するのは、それからでも遅くありません。

ま と め

　今回はエステサロンで事故が発生した場面を想定し、メーカーの立場からそのトラブル対応について解説しました。なお、いずれの立場であっても、事故原因が何であったかがわからないことには、法的な検討に進むことができません。エステサロンで事故が生じた場合には、間違いなく一次対応をすべきはエステサロンですが、メーカー側も可能な限り原因究明には協力するとよいでしょう。

　ただ、第一にお客様のケアをすることが重要なので、そのことは忘れないようにしましょう。

Q38 施術ミス／損害賠償請求

お客様からクレームがついて当然の施術ミスをしてしまいました。どのように対応すればよいでしょうか？　また、お客様から損害賠償を請求された場合は、どうすればよいでしょうか？

≫Answer　まずは、お客様の話を丁寧に伺って、事実関係の正確な把握に努めましょう。その後、エステサロンとしての対応を検討することになります。お客様とはできる限り複数名で対応し、損害賠償を請求された場合には、弁護士にも相談しましょう。

知　　識	エステティック契約上の債務不履行責任または不法行為責任

　エステティック契約は、民法上は「準委任契約」になります。そのため、お客様に対しては、善良な管理者として注意義務を負います（民法656条、644条）。この注意義務は、エステティシャンとして職業上、一般的に要求される程度の注意義務になります。

　この注意義務については、当該お客様との間で締結した契約において、全部免責する旨を定めていたとしても、消費者契約法8条1項により無効になります（⇒詳細は、*Q3*を参照）。

　そのため、施術ミスをしてしまった場合には、債務不履行または不法行為責任を負うことになります。

対応方法　クレームへの対応

　クレームがあった場合、まずはお客様の話を丁寧に聞きましょう。被害の程度にもよりますが、丁寧に話を聞くことで、お客様の気持ちが落ち着くこともあります。また、お客様から伺う事実関係と、店側が認識している事実関係が異なることもあります。特に、虚偽の事実や誇張して話をしてくる方、弱みに付け込んで脅してくるような方には、毅然とした対応が必要なこともあります。その場で安易にお客様と約束をせずに、事実関係を把握したり、店舗としての対応を検討したりする時間をもらうようにしましょう。

　また、クレーム対応をすることで、従業員が精神的に疲弊するなど、店舗側も感情的になって取り返しのつかない事態にならないよう、個々の従業員に任せずに、できる限り複数名で対応するようにしましょう。

対応方法　損害賠償請求をされたら

　話を聞き、誠心誠意謝罪をしたとしても、お客様の怒りが収まらず、損害賠償を請求されるといった事態になることも考えられます。

　店舗側に施術ミスがあり、損害賠償責任を負わなければならないとしても、その金額がいくらになるかは、また別の問題になります。明らかに過大な請求をしてきた場合には、弁護士に相談するようにしましょう。

　示談というかたちで終わらせる場合には、お互いの合意内容を示談書という書面にまとめるようにします。示談の相手方は、お客様本人になります。例えば、親族が本人に代わってクレームをつけてきたような場合にも、必ずお客様本人と示談をするようにしましょう。ただし、お客様が未成年者の場合には、親権者などの法定代理人と示談をすることになります。また、賠償責任保険に加入している場合には、

示談金が保険会社から支払われる可能性もあるので、示談する前に保険会社に確認するようにします。

　残念ながら示談では話がまとまらないと、調停や訴訟といった裁判沙汰になることもあり得ます。その場合は、対応を弁護士に相談したほうがよいでしょう。

　お客様からのクレームは千差万別ですので、臨機応変な対応が求められます。誠実に対応すれば済むケースもあれば、要求がどんどんエスカレートしてしまうこともあります。状況によって専門家や専門機関に相談をし、速やかな解決ができるようにしましょう。

Q39 待ち時間／クレーム

 施術の順番待ちでお客様を１時間待たせてしまい、クレームとなってしまいました。お客様に金銭をお支払いする等したほうがよいでしょうか？

≫ **Answer** エステサロン側が施術予定時間に遅れたことは法律上、債務不履行となります。しかしながら、１時間の遅れを損害として評価することは実際には難しく、エステサロンがお客様に金銭を支払う義務はないでしょう。お客様に誠心誠意謝罪し、かつ、オプション等をサービスして許してもらうというのが現実的な手段です。

知　識　施術予定時刻からの遅れは、民法上、債務不履行になる

　お客様が令和○年○月○日午後２時から午後３時30分のコースを予約し、エステサロンが了承した場合、それはお客様とエステサロンとの契約内容になります。エステサロンが施術予定時刻から１時間もお客様を待たせたことは、上記契約違反となります。契約に違反することを民法上、債務不履行（今回は、債務不履行の中の履行遅滞）といいます。

知　　識　債務不履行による損害賠償請求ができる？

　エステサロンが債務不履行（今回は、債務不履行のうち履行遅滞）をし、お客様に損害が発生したとすると、お客様はその損害をエステサロンに請求することができます。しかしながら、今回のような1時間程度の遅れでお客様に具体的な金銭的損害が発生したと考えることは難しいです。つまりお客様は、1時間待たされたにもかかわらず、エステサロンに損害賠償請求をすることができないことになります。言い換えれば、エステサロンからお客様に対して、金銭の支払いをする義務はないということになります。

対応方法　誠心誠意の謝罪とオプション等のサービスを

　民法上、お客様に対して金銭を支払う義務がないからといって、エステサロンとして何もしないでよいというわけにはいきません。お客様のクレームはエステサロンの信用を落とすことになりますし、現代のSNS社会においては、悪い評判をSNS上に書き込まれる可能性もあります。そうなっては、エステサロンの運営にも支障が生じかねません。

　法律論ではありませんが、迷惑をかけたお客様には、誠心誠意謝罪をし、サービス面でもできる限りの対応（本来は有料のオプションを無料でつけるなど）を検討しましょう。

Q40 割引・キャンペーン／不正利用

> エステサロンの新規のお客様に「初回1,000円」キャンペーンを行っているのですが、そこに名前を変えて何度も利用するお客様がいて困っています。どのように対応したらよいでしょうか？

≫Answer まず、初回申込みの際に、2回目以降は割引の対象にならないことをしっかりと伝えるようにします。その際、必要に応じて身分証明書の提示を求めておくとよいでしょう。そうすれば、2回目に来た際に判別がつきます。それでも執拗に迫られるようでしたら、警察に相談することも検討しましょう。

対応方法　キャンペーンの制約事項に関する説明方法

　キャンペーンの実施自体は、適法に認められるものです。しかし、「初回1,000円」という記載のみでは、具体的な制約が示されていません。お客様には、キャンペーン利用にあたっての注意事項をきちんと説明する必要があります。

　初回キャンペーンの制約事項に関する説明方法は大きく分けて2つ考えられます。

　1つは店頭における説明です。店頭での説明は時間はかかるものの、確実に相手に伝えられるので、伝達ミスは少なくて済むでしょう。そのうえで、初回キャンペーンの注意事項に関して記載した書面にサイ

ンをしてもらうと確実です。

　もう１つはWebでの説明です。Webで予約を受け付ける際に、初回キャンペーンの利用に関する注意事項を利用規約等に記載して、合意を得ておく方法が考えられます。もっとも、この方法での問題点は、お客様が「読んでいなかった」などと言ってくることです。その場合に備え、最終的な説明（特に重要な点について）は改めて店頭で行うほうが間違いないといえるでしょう。

対応方法　２回以上のキャンペーン利用を防ぐには

　上記の通り、初回キャンペーンの申込み方法として、店頭とWebあるいはその両方のパターンが考えられます。どちらの場合であっても、初回のみのキャンペーンであることは、きちんと説明しておく必要があり、書面（同意書）等の形に残しておくのが効果的です。

　しかし、書面等で形が残るようにしたにもかかわらず、氏名や生年月日等を偽って再度の初回キャンペーンの申込みがされた場合、その同意書だけでは以前にキャンペーンを適用した方と同一人物かどうかの判別がつきません。

　このような場合に備え、店頭でお客様に運転免許証等の顔写真付の身分証明書の提示をしてもらい、氏名や生年月日と申込み情報が一致しているか確認するとよいでしょう。Web上で初回キャンペーンの予約を受け付ける際には、免許証の提示が必要であることを強調した表示をしてください。

対応方法　クレームに発展した場合

　身分証の提示を求めれば、ほとんどのケースで２回目以降のキャンペーン適用を（未然に）防ぐことが可能でしょう。しかし、それでも、そもそも身分証明書の提示を頑なに拒んだり、証拠上は明らかである

のに、理不尽な態度をとられたりすることもあり得ます。

　その場合、毅然とした態度でお断りをすることが重要です。また、それでも執拗に食い下がるようであれば、警察への相談も検討したほうがよいでしょう。

ま　と　め

　初回キャンペーンを何回も利用しようとするケースは珍しくはありませんが、お店にとっては大きな打撃になり得ます。そのような場合に備え、まずは初回キャンペーンに関する説明文書を作成して同意を得ておくことや、身分を偽られないように身分証明書の提示を求めることで、対応できるものと考えられます。

　それでも、クレーム等に発展し、拒んでも拒み切れない場合は警察への相談も視野に入れるようにしましょう。

Q41 所持品紛失・盗難／事業者の責任

 お客様が「施術中にアクセサリーをなくした。盗まれたのではないか」と言っています。適切な対応方法を教えてください。

≫Answer 事実関係、事実確認が重要となります。証拠として残せるものは残しておきましょう。

知 識 事実関係、事実確認の重要性

お客様から「施術中にアクセサリーをなくした。盗まれたのではないか」と言われた場合、まずは事実確認をし、残せる証拠は残しておくというのが重要です。

そもそも、施術中にアクセサリーがなくなったわけではなく、他の時間に他の場所でなくなったということであれば、エステサロンが法的責任を負うことはないでしょう（もちろん、施術中であるとしても、お客様が単に紛失しただけであり、当該アクセサリーが見つかったというような場合も、法的責任を負うことは通常はないでしょう）。

他方、「盗まれた」ということが事実であれば、当該犯人自身はもちろんのこと、当該犯人を雇用していた者、即ち、経営者・経営会社側も賠償義務といった法的責任を負う可能性があります。

したがって、お客様から上記のような訴えがあった場合、事実確認をするなどし、事実関係を把握することは極めて重要となります。

　事実確認としては、顧客名簿や出勤表、予約・施術にかかる記録等を確認し、場合によっては録画記録等を確認する必要があるかもしれません。

　当然、関係者（お客様や施術を担当したスタッフ、受付のスタッフ等）に事実関係を聞き取りすることも重要になってきます。

　また、証拠として残せるものは残しておくことが考えられます。例えば、録画記録があるとしても、一定期間で消えてしまうものであれば、消える前に別途保存しておくことが考えられます（施術後、お客様が帰る際の映像があり、そこに「紛失した」とされるアクセサリーが写っている場合、それだけで施術中の盗難ではないことを証明できることもあります）。

　関係者にしても、例えばスタッフであれば、退職してしまった後では聴取がしづらい・協力を得られにくいことも考えられますので、早めに聴取し、聴取内容を記録化しておくことなどが考えられます。

対応方法　事実関係確認後のお客様対応について

　ある程度事実関係が明らかになったのであれば、お客様への対応を検討することになります。

　万が一、スタッフ等による盗難があったということであれば、お客様に対して誠実に対応し、謝罪のうえ、経営側として損害を賠償するということが検討されます。当該犯人自体が賠償義務を負うことは元より、経営者側も、いわゆる使用者責任（民法715条）を負い、賠償義務を課されるおそれがあるところです。そのうえで、当該犯人（スタッフ）に対し、解雇等の処分をするのかといったことや、求償権を行使するのかといったこと等を検討していくことになります。

　また、犯人がスタッフ等ではなく、まったく無関係の第三者（泥棒等）であり、その者が不法に侵入して施術中に盗んでいったという場合、当該犯人が賠償義務を負うことはいうまでもありません。そのう

えで、サロンが賠償義務を負うかどうかですが、例えば、不用意にも施錠をせずに容易に侵入を許してしまったという場合であれば、（全額かはさておき）賠償義務を負う可能性があります。

　施術中の盗難ではないということがはっきりしているようであれば、丁寧にも毅然とした対応をとるべきといえます。

　施術中の盗難ではないという明確な証拠まではないが、少なくとも施術中の盗難であることが証明されていない、そこまでは認められない、はっきりしないということであれば、法的には賠償義務を負うことはありません。法的には、基本的に、お客様のほうで、「施術中に盗まれた」ということを証明する必要があるからです。

　そのような場合であれば、きちんと賠償義務を否定するという対応が考えられます。

　もちろん、任意的に、和解金や「お見舞金」を支払うなどして和解的に解決するということも考えられますが、「盗難」の疑いをかけられているところですので、和解の仕方やそのタイミング等々については慎重に検討する必要があります。

まとめ

　お客様が盗難被害に遭ったと訴えてきた場合の対応を検討してきました。注意すべき事項をまとめると、①事実関係の確認、証拠を確保しておく、②①の作業はできるだけ早めに対応する（なくなってしまう映像、退職するかもしれないスタッフへの対応等）、③①および②を済ませた後に、お客様に対応する、④お客様に対応する際には、法的責任を負う場合（損害を賠償する方向での対応）なのか、法的責任を負わない場合（損害を賠償しない方向での対応。状況に応じて、お見舞金等を支払う対応をする）なのかを分けて対応することが重要です。

Q42 効果がない！との訴え／返金・慰謝料の要求

 以下のようなクレームにはどう対応したらよいでしょうか？

① 「広告と違って全然効果がないじゃないか！ 代金を全額
返金しろ！」とクレームが来てしまいました。

② お客様から施術の内容に納得がいかないとクレームを受けました。時間を無駄にしたと言って、料金の返金はもちろん上乗せして慰謝料を求められています。

③ お客様から、エステサロンで施術後に調子が悪くなった、賠償して欲しいと連絡を受けました。施術による不調なのか、はっきりしません。

≫Answer 法的には、債務不履行に該当するか等が問題となります。基本的には、債務不履行に該当すれば賠償義務が発生し、該当しなければ賠償義務は発生しません。

また、任意に返金等をする場合もあります。

対応方法 まずは誠実な対応を

お客様からクレームや賠償請求を受けた場合、法的な責任はさておき、やはり、誠実な対応をすることが肝要であるといえます。

悪質なクレーマーのようなケースで始めから毅然と対応すべき場合は別にして、通常、こちらに法的責任・落ち度があることなのか、な

いことなのか、被害の程度はどの程度なのか、何が原因なのか、相手がどのような方なのか等が、初期の段階ではわからないことが多いです。

それにもかかわらず、ぞんざいな態度や横柄な態度をとれば余計に感情を逆なでしてしまいますので、まずは誠実な対応を心掛けるべきでしょう。とはいえ、過度にへりくだる必要はないでしょうし、こちらに責任があるかわからない段階で、全責任を認めたり、賠償することを約束したりすることは避けるべきでしょう。

知　識　法的責任について

次に、エステサロン側に法的責任があるか否かを検討することになります。

「広告と違って全然効果がないじゃないか」といった訴えであれば、どのような広告の内容になっていたのか、契約の内容はどのようになっていたのか、実際の効果はどのようなものだったのか等に鑑み、債務不履行の有無を判断していくことになります。

「施術の内容に納得がいかない」との訴えであれば、ただ単に、お客様が主観的に「納得できない」と言っているだけなのか、それとも、当方に落ち度があるなどして債務不履行に該当するレベルなのか等を検討していくことになります。

「施術後に調子が悪くなった」という訴えも、やはり、施術につき落ち度があったのかなかったのか等を検討していくことになります。

知　識　因果関係、損害について

法的に賠償義務を負うには、「因果関係」と「損害」が必要であると言われています。

「因果関係」というのは、当該債務不履行により（それが原因で）

その損害が発生したのか、ということです。仮に、多少の問題・落ち度があったとしても、そのことが原因で損害が発生したわけではなく、他の原因で損害が発生したのであれば、賠償義務を負うことにはなりません。また、法的には、因果関係が「証明」されなければ、賠償義務を負うことにはなりません。

①「施術による不調なのか、はっきりしません。」ということであれば、因果関係が認められない（賠償義務を負わない）可能性があります。

また、損害賠償を負うには、相手に「損害」が発生している必要があります。さらに、賠償すべき「損害の範囲」も問題になり得ます。

例えば、「全然効果がないじゃないか！ 代金を全額返金しろ！」と言われた場合、まったく効果がないのであれば、全額返金することが考えられます。他方、一定程度の効果はあった（ただ、十分ではなかった）というような場合、認められる損害は、代金全額ではない可能性があります。

②「時間を無駄にした」ということで慰謝料を請求されるという場合も、「時間を無駄にした」ということから直ちに慰謝料が請求できるものではありませんので、「損害」から除外することが考えられます（ただ、他の理由により慰謝料が認められる可能性はあります）。

③「施術後に調子が悪くなった」という場合、施術と不調の因果関係を確認する必要がありますし、また、不調になったことでどの程度の損害が発生したかも重要です。医師に診察を受けることが必要な程なのか、1日経てば回復する程なのかといった症状も重要になってきますが、本件の場合でしたら、まずは医師の診断を受けてもらい、体調不良の原因を明らかにしてもらうのと同時にこれ以上の悪化を防ぎ損害を減らすことが重要といえます。

このように、法的には、「債務不履行の有無」「因果関係の有無」「（賠償すべき）損害の有無および程度」といったことを検討していくことになります。

対応方法　和解的に、任意返金することも

　法的に賠償義務を負いそうということであれば、通常、和解的解決を目指すことになります。

　法的には賠償義務を負わなそうであるということであれば、その見解を伝え、支払いを否定するということが考えられます（丁寧に対応するのか、丁寧にも毅然と対応するのか等はケースバイケースとなります）。

　また、法的には賠償義務を負わない見通しであるとしても、レピュテーションリスクや対応の煩等を考慮して、任意に返金をしたり支払いをしたりすることもあり得ます。この点はいわゆる「経営判断」になってくる部分となります。

　法的に賠償義務を負うか否かわからないということであれば、訴訟等になったときの見通しやリスク、手間等を勘案しながら、和解的に解決するのか決めていくことになります。

ま　と　め

　お客様からの金銭の請求を伴うクレームの原因は様々です。まずは落ち着いてクレームの原因を整理し、その原因について、エステサロン側に落ち度があるのかどうか、また、要求されている内容が適正なものなのかを確認していくことが必要です。

　そのうえで、エステサロン側に落ち度のないクレームなので対応をしないのか、落ち度はあるが要求に応えるべきなのかといったことを見極め対応していきましょう。

$Q43$ 悪質な口コミ・誹謗中傷／削除依頼

当エステサロンでは、エステの口コミが書きこめる予約サイトを利用しています。先日、施術したお客様からクレームを受け、サイトに事実無根の書き込みをされてしまいました。どうしたらよいでしょうか？

≫Answer まずはサイトの運営者に削除依頼の通報をしましょう。それでも変わらない場合は、警察や弁護士に相談しましょう。場合によっては、放置するのも1つです。

> 対応方法 サイトの口コミの削除方法

Webの発達とともに、サイトの口コミ評価というものが一般的になってきました。

しかし、この口コミ評価は、サイトへの掲載を依頼者の一存で削除するか残すかを決められないことも少なくありません。サイトの中には、書き込み内容を確認し、あまりに酷い内容であれば最初から載せないようにしているサイトも数多くありますが、可能な限り公平性を保つため、基本的にはすべての書き込みを載せるとするサイトもあるなど、そのスタンスは運営者によって様々です。

もっとも、口コミに関して誹謗中傷等があった場合、通報制度を設けているサイトは多くあります。誹謗中傷等の書き込みを発見したら、

まずはそのサイトの通報制度を使い、削除を依頼しましょう。

とはいえ、すぐに対応してもらえればよいですが、特に連絡もなく放置されるようなこともあります。また、サイトの口コミのようなものではなく、SNSで書き込まれた場合ですと削除はより難しくなります。

なお、予約サイト利用時の入力情報などから書き込み者の電話番号やメールアドレスがわかる場合、直接本人に削除を依頼するという方法もあります。ただ、このとき注意しなければならないのは、書き込みが本人のものかどうか確証がないままに連絡して、「そのようなことはしていない」と言われてしまった場合、問題が複雑化するおそれがあるということです。また、確証があり、本人が認めた場合であっても削除を拒否されればそれ以上のことはできません。無理強いして、更なるトラブルに発展してしまうことは避けなければなりません。

一方で、場合によっては、削除する代わりに金銭や謝罪等を求められる可能性もあります。この場合は、内容にもよりますが、あまりに法外な金額や謝罪内容なら応じることはせず、法的な対応を検討したほうがよいでしょう。もっとも、施術代金の返金程度や口頭での謝罪等であれば、検討の余地はあると思います。

対応方法　　法的な対応の検討

サイト運営者に削除依頼をしても放置されている場合や本人に削除を拒否された場合は、別の方法を検討する必要があります。具体的には、警察や弁護士に相談することとなります。

警察はかなり悪質な書き込み、例えば、犯罪行為を行っている、反社会的勢力と繋がっているといった書き込みや、書き込みの内容が従業員等の容姿や人格を否定するような個人攻撃等であれば対応してくれる可能性があります。ただ、あくまで個人の感想の範疇での批判、例えば、「施術がイマイチだった」「サービスや接客が悪かった」等の

書き込みの場合は対応が難しいと思われます。また、書き込み者の特定もできていない状況ですと、なかなか対応してくれません。

　弁護士は可能な限りの調査と本人への削除要請まで対応してくれますが、費用がかかります。

　そのため、その書き込みによる実際の影響を見て、問題がなければ放置するというのも方策の１つとなります。

> ま と め

　昨今、書き込みによる誹謗中傷は多く、ニュース等でも話題となっていますが、実際にその書き込みを削除しようとするとなかなか大変です。警察へ通報しても対応してもらえなかったり、弁護士に依頼しても相応のコストがかかったりします。サイトへ削除依頼をしてもそのままで、放置しても店舗運営への影響の心配はほとんどないようであれば、そのままにしておくことも選択肢の１つです。また、否定的な書き込みであっても、見方を変えれば、業務改善のきっかけにもなり得ますので、真摯に向き合うことも必要でしょう。

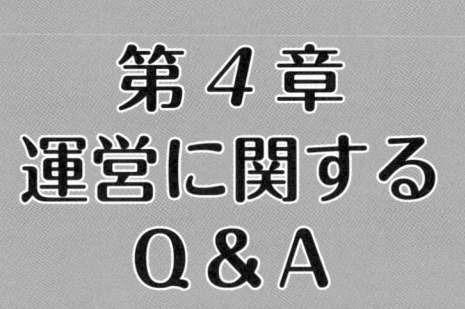

第4章
運営に関する
Q & A

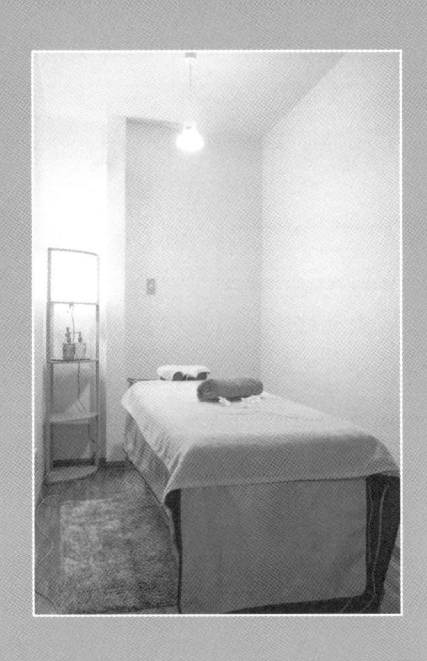

Q44 DM・物品の発送／お客様の 個人情報の第三者への提供

> お客様から得た個人情報を、物品を送付するために宅配事業
> 者に提供したり、提携先の美容クリニックに提供し、当該美容
> クリニックから営業の連絡をしてもらったりしたいのですが、どこま
> でなら実施可能でしょうか？

≫ Answer お客様から取得した個人情報を第三者に提供することは原則としてできません。

提携先の美容クリニックに営業の連絡等をしてもらうためにお客様の個人情報を提供するには、必ずお客様の同意が必要となります。ただし、物品の郵送のために宅配事業者に依頼する場合は、例外的に同意なくして提供可能です。

知　識 **個人情報は原則、同意なくして第三者に提供できない**

お客様から得た個人情報は同意なくして第三者への提供をすることはできません。これは個人情報の保護に関する法律（通称「個人情報保護法」）で定められています。ただし、例外的に、同意を得なくとも第三者への提供が認められる場合があります。

対応方法　同意の取得方法

　事業者には、個人情報の取扱いに関する同意書（場合によってはプライバシーポリシー）を取得することが個人情報保護法上義務付けられています（簡単なひな型として*Q27*の書式8参照）。そのため、第三者に提供を行う場合、その同意書に具体的な提供先の第三者の名称や理由を載せて同意を取得する方法が最も適していると考えられます。当然、別途同意を得ても構いませんが、個別に同意を得ることには手間と費用がかかりますので、現実的にも難しいと思われます。

　美容クリニック等のエステサロンのサービス提供とは関係のない第三者に提供する場合は、同意を取得する際にお客様が見落とさないように必ず個人情報の提供先である第三者を明記することが必要です。後で、提供される事実を知らなかったということになるとトラブルの原因となります。

　設問の例では、「提供先：○○美容クリニック、利用目的：サービス紹介のため」といった記載が必要でしょう。仮にお客様から提供を認めない旨の回答があった場合、きちんとそのことを同意書に記載（上記文章部分を削除）して、提供は控えることが必要です。

知　識　同意がなくても個人情報を提供してもよい場合

　一方で、エステのサービスを行ううえで何かしら送付をする場合等で、宅配事業者に依頼を行う場合もあります。その場合、エステサロンが宅配事業者にお客様の住所等の個人情報を提供することになりますが、このような場合には、お客様の同意を得る必要はありません。このことは個人情報保護法に、事業の一環を業務委託するような場合には、同意は不要となることが定められています。このような場合でも同意を得なければならないというのでは事業として成り立たないケースが多く存在するためです。そのため、本件で宅配事業者に依頼

をする場合には、同意は不要ということになります。もっとも、もし委託をする業者が決まっているのであれば、上記の個人情報の管理に関する同意書に記載をしておくのもよいでしょう。

　また、注意が必要なのは、業務を委託するのであればどんな場合でも同意が不要というわけではないということです。業務の範囲を超えたような業務委託に関して第三者に個人情報を提供するのであれば、当然にお客様の同意が必要となります。具体的には、個人情報の利用目的の目的外使用となるような事業の委託は、お客様の同意なく認められないと考えるのがよいと思います。

まとめ

　個人情報の第三者への提供は基本的にお客様の同意なくしては認められません。また同意なく提供できるケースも限られています。

　同意なくして提供してよいかどうか悩むような場合には、必ず同意を取得して、提供するようにしましょう。

Q45 雇用契約と 業務委託契約

 新たにスタッフを雇おうと思います。雇用契約はどのように すればよいでしょうか？ また、知り合いのエステティシャン に業務委託で働いてもらうことにしました。契約上の注意点はありま すか？

≫ Answer スタッフを雇う場合、一般的には労働条件通知書により労働条件を明示したうえで、雇用契約を行うこととなります。

業務委託契約に関しては、労働法の適用はないのですが、雇用契約と区別するためにも業務委託契約書を交わしたほうがよいでしょう。

> 知　識　雇用契約を結ぶには

新しくスタッフを雇う場合、雇用契約を結ぶ必要がありますが、雇用契約書を作成することまでは必要とされていません。

一般的には、労働条件通知書といわれる形式で、雇用する被雇用者に賃金や労働時間など法律で定められた労働条件を明示し、被雇用者から合意（口頭でよく、署名や押印までは必要ない）を得られれば、雇用契約が成立します。厚生労働省や労働局から労働条件通知書のひな型や記載方法が提示されていますので、参考にするとよいでしょう。

知 識 雇用契約書の必要性

雇用契約は上記の通り労働条件通知書を提示すればよく、書面で雇用契約を締結する必要まではありません。また、労働条件通知書に代えて、雇用契約書を交付する場合、労働条件通知書の内容の記載も求められます。なお、労働条件通知書と異なり、雇用契約書に関しては、雇用者と被雇用者双方の署名や押印が求められますので、それらの点は注意しましょう。

知 識 業務委託契約

設問のように、知人に一時的に手伝ってもらう等の場合は、雇用契約ではなく業務委託契約のほうが適しています。というのも、雇用契約を締結すると、いわゆる労働法の適用があるため、手伝いはもう十分だからといって、簡単に辞めさせることはできず、また、期間を定めて雇用し期間が満了した場合でも、解雇ができないこともあります。それに対し、業務委託契約では、働いてもらう期間や対価を定め、その期間が終了したら契約終了として、契約を継続する必要はありません。

もっとも、業務委託契約のデメリットとして、短期間ということもあり、対価が割高になることが多く、長期での契約には適さないという側面もあります。また、後述の通りフリーランス保護法が施行されているので、その点も注意が必要です。店舗の状況を見て雇用契約との使い分けをするのがよいでしょう。

また、業務委託には定まった形式や補完をする法律等が必ずしも存在しない場合があるため、詳細な勤務条件や業務の範囲等を表記しておく必要もあります。簡単なひな型を作成していますので、参考にしてみてください（⇒215ページ**書式9**参照）。

知 識　フリーランス保護法

　令和6年11月1日より「特定受託事業者に係る取引の適正化等に関する法律」通称、フリーランス保護法が施行されました。この法律は、委託側が、法人（一人会社を除く）または個人で従業員を使用している場合で、受託側が個人もしくは法人の体裁を採ってはいるが、一人会社である場合に適用となります。

　この法律が適用されると、下記の通り、7つの義務が委託側に課せられることになるので注意が必要です。

---

①書面などによる取引条件の明示
②報酬の支払期日を設定し、期日内に支払う
③禁止行為（受領拒否、報酬の減額等の7つの禁止事項）（1か月以上の業務委託の場合）
④募集情報の的確な表示
⑤育児や介護などとの業務の両立に対する配慮（6か月以上の業務委託の場合）
⑥ハラスメント対策に関する体制整備
⑦中途解除する場合は事前に予告し理由を開示する（6か月以上の業務委託の場合）

　上記のうち、業務委託契約を締結し、委託期間を6か月以内の契約とするならば、⑥以外は問題となり難いと言えます。もっとも、⑥に関しては、既に従業員を使用している事業者が前提となるため、ハラスメントに対応する内部の方針を拡大するということで対応していれば、そこまで難しいものではないように思いますし、対応していないのであればこれを機に体制を整備するとよいでしょう。

　このように、業務委託契約といっても従前のように無制約ではなくなったことには注意が必要です。特に6か月を超える長期で契約をす

る場合、雇用契約にも類似するような⑤⑦といった義務が課されるので、業務委託契約を締結する際には注意しましょう。

まとめ

　雇用契約や業務委託契約等、人を雇う場合には他にも方法はありますが、どのような形態にせよ人を雇うのはメリットも大きいですが、デメリットもあります。長期なのか、短期なのか、どの位の人件費を支払うことができる等、店舗の状況も考慮し決めていく必要があります。

　店舗の状況に応じて契約形態を使い分けるようにしましょう。

【書式9　業務委託契約書】

業務委託契約書

この契約書は、以下の条件に基づき、株式会社［サロン名］（以下「甲」という）と［受託者名］（以下「乙」という）との間で締結されるものとする。

第1条（業務内容）

1. 甲は乙に対し、エステティックサービス（以下「本業務」という）を委託し、乙はこれを引き受けるものとする。

2. 本業務の具体的内容は以下の通りとする。

　　・フェイシャルトリートメント

　　・ボディトリートメント

　　・その他上記に付随する一切の行為

> 具体的に実施してもらう施術内容を記載するようにしてください。

第2条（契約期間）

1. 本契約の有効期間は、○年○月○日から○年○月○日までの○【か月／年】とする。

> 具体的な期間を定めてください。

2. 契約期間終了の○か月前までに甲または乙からの書面またはメール等の電磁的方法による解約の通知がない場合、本契約は同一条件で自動更新されるものとする。

> 自動更新の条項は必須ではありません。もし1の期間で足りる場合は削除してください。長く続けて欲しい場合は、記載しておいてもよいでしょう。

第3条（報酬）

1. 甲は乙に対し、本業務の遂行に対する報酬を、以下の条件に基づき支払うものとする。

　　①基本報酬：月額 ○○ 円

> 報酬の決め方は一例ですので、基本報酬のみとする場合や、歩合報酬のみにすることも可能です。また、時給方式にすることも可能ですので、最も適した方法を記載しましょう。

　　②歩合報酬：乙の担当した顧客の売上の○％

2. 報酬は、当月○日締、翌月○日に乙が別途指定する口座に振

込にて支払うものとする。なお、振込手数料は甲の負担とする。

> 報酬の締日と振込日、振込方法について記載するようにしてください。

第4条（業務遂行場所および時間）

1. 乙は、甲の別途指定するエステサロンの店舗において本業務を遂行するものとする。

> この時点で具体的な店舗が決まっているのであれば、記載しましょう。まだ決まっていない場合は、「別途指定する」と記載します。

2. 甲は、乙が業務遂行に必要な機材および消耗品を提供することとする。

3. 甲は、乙に対し、毎月○日までに翌月の勤務予定について、書面またはメール等の電磁的方法により伝えるものとし、乙は異議がある場合速やかに甲に申し出るものとする。

> 働いてもらう日等は具体的に指定するようにしましょう。曜日等で定まっている場合は、月曜〜金曜の○時〜○時などの記載方法でも問題ありません。

第5条（秘密保持）

1. 乙は、本業務遂行中に知り得た甲の業務上の秘密を第三者に漏洩してはならない。

2. 本条の規定は、本契約終了後も有効とする。

第6条（契約解除）

甲または乙は、相手方が本契約または法令等に違反する行為を行った場合、相手方に対し書面またはメール等の電磁的方法による通知をもって直ちに本契約を解除することができる。

第7条（損害賠償）

乙が本業務遂行中に乙の責めに帰すべき事由により甲に損害を与えた場合、乙はその損害を賠償する責任を負うものとする。

第8条（協議事項）

本契約に定めのない事項または は本契約の解釈について疑義が生じた場合、甲および乙は誠意をもって協議のうえ解決するものとする。

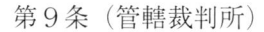

第9条（管轄裁判所）

　　本契約に関する紛争については、被告の所在地を管轄する裁判所を第一審の専属的合意管轄裁判所とする。

以上の証として、本契約書2通を作成し、甲乙署名押印のうえ、各自1通を保有する。

甲（エステサロン運営会社）

本店所在地：○○

会社名：○○

代表者名/氏名：○○　　　　　　　　印 ●---

> 個人事業主の場合、氏名と住所のみで構いません。

乙（受託者）

住所：○○

氏名：○○　　　　　　　　印

【書式1　エステティックサービス概要書面】

（著者注）各ページの冒頭に よくお読みください と赤枠に赤文字で大きく目立つように記載してください。

よくお読みください

エステティックサービス概要書面

　この書面は、特定商取引法に定める特定継続的役務提供契約の概要について記載した書面であり、エステティックサービス契約に先立ってお客様にお渡しする書面です。この概要書面をよく確認してからエステティックサービス契約を締結するようにしてください。

【記入日　　年　　月　　日】

お客様氏名	
生年月日	
住　　所	
電話番号	
E-mail	

【1】役務の内容および概算額

入会日		入会金	備　考
年　　月　　日		円（税込）	

希望する エステコース	時間 （分）	単価	回数	総時間	金額 （税込）	備考

※時間や単価等については、当サロンのパンフレット等もよくご確認ください。

※法令の改正による消費税率の変動に起因して金額が変わることがあります。その場合には、消費税が変動した差額をお支払いいただく場合があります。

219

よくお読みください

※お客様の都合によりキャンセルした場合、当サロン所定のキャンセル
　料をいただきます。
（役務の提供期間　　　年　　月　　日～　　　　年　　月　　　日）

【2】購入が必要な商品（関連商品）、種類、数量、金額

商品名	種類	単価	数量	金額

【3】支払方法および支払時期等

お支払方法	お支払時期	金額（分割払手数料含む）
現金持参　デビットカード 預金振込　クレジットカード その他（　　　　　　　　）	年　　月　　日 年　　月　　日	円 円
クレジットカード 支払回数　　　　　　回	クレジット会社名	初回・最終回　　　円
ショッピングクレジット 支払回数　　　　　　回	年　　月より 日（毎月）引落	通常回　　　　　円

※割賦販売法に基づく抗弁権の接続が適用されます。また、各クレジッ
　ト会社の規定等も確認をしてください。

【4】クーリング・オフに関する事項

（1）　当サロンとお客様がエステティックサービス契約を締結する際に
　　　当サロンから契約書面をお渡しします。その契約書面を受け取った
　　　日を含めて8日以内であれば、お客様は、当サロンとの契約を解除
　　　することができます。これをクーリング・オフといいます。

（2）　（1）において、クーリング・オフをするためには、書面または電
　　　磁的記録（E-mailやFAX等）により行わなければなりません。クー
　　　リング・オフの解除の効果は、クーリング・オフを記した書面また
　　　は電磁的記録を発信した時点で発生します。

（3）　お客様からクーリング・オフがなされた場合、当サロンがお客様か

【よくお読みください】

　　ら金銭を受領していた場合には、全額返金いたします。関連商品を引
　　き渡している場合には、当サロンの費用でお引き取りいたします。

（４）　クーリング・オフに関しては、お客様は、役務の対価や違約金等
　　を支払う必要はありません。ただし、関連商品のうち、健康食品、
　　栄養補助剤、化粧品、石鹸、浴用剤等の消耗品については、開封し
　　たり、その全部または一部を使用または消費したりしたときは、当
　　該関連商品に限ってクーリング・オフをすることができません（当
　　該関連商品の費用はお客様にご負担いただきます）。

（５）　契約書面に不備等がある場合には、不備のない契約書面を受け取っ
　　た日を含めて８日以内であれば、クーリング・オフをすることがで
　　きます。

　　　また、当サロンがお客様に不実のことを告げ、または、威迫した
　　ことによってクーリング・オフが妨害された場合には、当サロンか
　　らお客様に対して改めてクーリング・オフができる旨を記載した書
　　面をお渡しし、説明をいたします。お客様は、当サロンから説明を
　　受けた日を含めて８日以内であれば、クーリング・オフをすること
　　ができます。

【５】中途解約に関する事項

（１）　クーリング・オフの期間経過後も、お客様は、当サロンとの間の
　　契約を中途解約することができます。

（２）　中途解約の場合には、次の料金をお支払いいただきます。

　　ア　役務提供開始前　　　　　　　　　　　円（上限は２万円）

　　イ　役務提供後
　　　　①既に提供された役務の対価（算出される１回当たりの役務料
　　　　　×サービスを受けた回数）
　　　　②関連商品
　　　　　ⅰ健康食品、栄養補助剤、化粧品、石鹸、浴用剤等の消耗品
　　　　　　開封または使用した物は全額
　　　　　ⅱ上記ⅰを除く関連商品

よくお読みください

　　　返還された場合には、その通常の使用料相当額

　　　使用料相当額

　　　＝販売代金の○％＋｜（販売代金－販売代金の○％）×（使用
　　　　期間÷契約期間）｝

　　　※著しく商品価値が損なわれている場合は、残存価値が認め
　　　　られないことがあります。

（3）　役務提供期間経過後は、中途解約はできません。

（4）　クレジットカードを利用して代金をお支払いいただいている場合、
　　　精算方法は、各クレジット会社所定の方法によりますので、各クレ
　　　ジット会社の規約等をご確認ください。

【6】前受金の保全措置について
　　　前受金の保全措置については以下の通りです。
　　　①行っています。内容は＿＿＿＿＿＿＿＿＿＿＿＿＿＿＿＿＿です。
　　　②行っていません。

【7】同意書
　　　当サロンのサービスを受ける前には、所定の同意書に署名・捺印し
　　　ていただきます。同意書には、お客様の体質（治療中の疾患、アレル
　　　ギー、敏感肌・アトピー性皮膚炎、薬の服用の有無、過去のエステで
　　　の肌トラブルの有無等）、体調、施術に対する注意事項等への同意を
　　　記載します。

【8】特約について
　　　当サロンとお客様との間では、特約として、次の事項を合意します。

会社名	
代表者氏名	㊞
所在地	
電話番号	

【書式2　エステティックサービス契約書面】

（著者注）各ページの冒頭に よくお読みください と赤枠に赤文字で大きく目立つように記載してください。また、224ページの「【5】クーリング・オフに関する事項」についても赤文字・赤枠で目立つように記載してください。

よくお読みください

エステティックサービス契約書面

　この書面は、特定商取引法に定める特定継続的役務提供契約の契約内容について記載した書面です。以下の【1】～【9】の内容および契約約款も契約の内容となりますので、よく確認してください。

【契約日　　　年　　月　　日】
【担当者　　　　　　　　　】

お客様氏名	
生年月日	
住　　所	
電話番号	
E-mail	

【1】役務の内容および金額

入会日			入会金		備　考
年　　月　　日			円（税込）		

申込む エステコース	時間 （分）	単価	回数	総時間	金額 （税込）	備考

※時間や単価等については、当サロンのパンフレット等もよくご確認ください。

※法令の改正による消費税率の変動に起因して金額が変わることがあります。その場合には、消費税が変動した差額をお支払いいただく場合

223

付　録

よくお読みください

があります。

※お客様の都合によりキャンセルした場合、当サロン所定のキャンセル料をいただきます。

（役務の提供期間　　　　年　　月　　日〜　　　　年　　月　　日）

【2】購入が必要な商品（関連商品）、種類、数量、金額

商品名	種類	単価	数量	金額

【3】支払総額

円（税込）

【4】支払方法および支払時期等

お支払方法	お支払時期	金額（分割払手数料含む）
現金持参　デビットカード 預金振込　クレジットカード その他（　　　　　　　）	年　　月　　日 年　　月　　日	円 円
クレジットカード 支払回数　　　　　回	クレジット会社名	初回・最終回　　　円
ショッピングクレジット 支払回数　　　　　回	年　　月より 日（毎月）引落	通常回　　　　　円

※割賦販売法に基づく抗弁権の接続が適用されます。また、各クレジット会社の規定等も確認をしてください。

よくご確認ください。

【5】クーリング・オフに関する事項

（1）　当サロンとお客様がエステティックサービス契約を締結する際に当サロンから契約書面をお渡しします。その契約書面を受け取った日を含めて8日以内であれば、お客様は、当サロンとの契約を解除することができます。これをクーリング・オフといいま

よくお読みください

す。

（２）　（１）において、クーリング・オフをするためには、書面または電磁的記録（E-mailやFAX等）により行わなければなりません。クーリング・オフの解除の効果は、クーリング・オフを記した書面または電磁的記録を発信した時点で発生します。

（３）　お客様からクーリング・オフがなされた場合、当サロンがお客様から金銭を受領していた場合には、全額返金いたします。関連商品を引き渡している場合には、当サロンの費用でお引き取りいたします。

（４）　クーリング・オフに関しては、お客様は、役務の対価や違約金等を支払う必要はありません。ただし、関連商品のうち、健康食品、栄養補助剤、化粧品、石鹸、浴用剤等の消耗品については、開封したり、その全部または一部を使用または消費したりしたときは、当該関連商品に限ってクーリング・オフをすることができません（当該関連商品の費用はお客様にご負担いただきます）。

（５）　契約書面に不備等がある場合には、不備のない契約書面を受け取った日を含めて８日以内であれば、クーリング・オフをすることができます。

　　　また、当サロンがお客様に不実のことを告げ、または、威迫したことによってクーリング・オフが妨害された場合には、当サロンからお客様に対して改めてクーリング・オフができる旨を記載した書面をお渡しし、説明をいたします。お客様は、当サロンから説明を受けた日を含めて８日以内であれば、クーリング・オフをすることができます。

【６】中途解約に関する事項

（１）　クーリング・オフの期間経過後も、お客様は、当サロンとの間の契約を中途解約することができます。

（２）　中途解約の場合には、次の料金をお支払いいただきます。

　　ア　役務提供開始前　　　　　　　　　　　円（上限は２万円）

よくお読みください

　イ　役務提供後
　　①既に提供された役務の対価（算出される1回当たりの役務料
　　　×サービスを受けた回数）
　　②関連商品
　　ⅰ健康食品、栄養補助剤、化粧品、石鹸、浴用剤等の消耗品
　　　開封または使用した物は全額
　　ⅱ上記ⅰを除く関連商品
　　　返還された場合には、その通常の使用料相当額
　　　使用料相当額
　　　＝販売代金の〇％＋｛（販売代金−販売代金の〇％）×（使用
　　　期間÷契約期間）｝
　　　※著しく商品価値が損なわれている場合は、残存価値が認め
　　　られないことがあります。

（3）　お支払いいただいた金額（入会金は除く）から提供させていただ
　　いたサービス分の費用を除き、また、上記（2）の金額を差し引い
　　た金額をお戻しいたします。なお、クレジットカードを利用して代
　　金をお支払いいただいている場合、精算方法は、各クレジット会社
　　所定の方法によりますので、各クレジット会社の規約等をご確認く
　　ださい。

（4）　役務提供期間経過後は、中途解約はできません。

【7】前受金の保全措置について
　　前受金の保全措置については以下の通りです。
　　①行っています。内容は＿＿＿＿＿＿＿＿＿＿＿＿＿＿＿＿です。
　　②行っていません。

【8】同意書
　　当サロンのサービスを受ける前には、所定の同意書に署名・捺印し
　　ていただきます。同意書には、お客様の体質（治療中の疾患、アレル
　　ギー、敏感肌・アトピー性皮膚炎、薬の服用の有無、過去のエステで

の肌トラブルの有無等)、体調、施術に対する注意事項等への同意を記載します。

【9】特約について

　　当サロンとお客様との間では、特約として、次の事項を合意します。

【本契約約款部分】

1　私(お客様、以下「甲」といいます)は、本契約書面記載の各条項の内容をよく確認したうえで、当サロン(以下「乙」といいます)に対して、契約日欄記載の日に、【1】～【3】欄の内容のエステティックサービスを受ける契約および関連商品を購入する旨の申込みを行い、乙はこれを承諾しました(以下「本契約」といいます)。また、【1】～【9】の内容および本契約約款が本契約の内容となることについても、甲乙ともに承諾いたします。

2　甲が未成年の場合は、甲の親権者または未成年後見人による承諾(当サロン所定の親権者等承諾書)が必要となります。適切な親権者等承諾書が乙に提出された時点をもって本契約の成立とします。

3　甲がクレジットカードで本契約の代金等を支払う場合において、甲とクレジットカード会社との間の立替払契約が成立しなかった場合には、本契約は、遡って効力を失います。なお、この場合において、甲とクレジットカード会社との立替払契約が成立しなかった理由は問いません。

4　乙は、甲に対し、【1】記載の通りのエステコースのサービスを提供いたします。

5　甲は、乙に対し、本契約の代金等として、【4】に定められた方法および時期に従って支払います。

6　乙は、甲に対し、【8】記載の通り、同意書を提出いたします。甲の体質等が同意書と異なる場合や甲の体調等により、施術をすることがふさわしくない場合、第4項にかかわらず、乙は、甲に対して、施術を中止する場合があります。

よくお読みください

7　甲は、体調不良、施術をするべきではない事情、乙の施術による体調不良等がある場合には、速やかに乙に対して申し出るようにしてください。申出内容によっては、乙は、甲に対して、施術を中止する場合があります。

8　本契約に定めのない事項または本契約の解釈に疑義のある場合には、甲乙は、その協議によって解決するよう努めます。

以上

```
会社名
代表者氏名                              ㊞
所在地
電話番号
```

```
関連商品販売者
会社名
代表者氏名                              ㊞
所在地
電話番号
```

【書式3　サロン利用規約】

サロン利用規約

第1条（目的）

1. この利用規約（以下「本規約」といいます）は、株式会社○○（以下「当社」といいます）が運営する「○○○○」（以下「本サロン」といいます）を利用するユーザー（第2条で定義します）に適用されます。ユーザーは、本規約に同意のうえ、本サロンを利用します。

2. 本規約は、本サロンの利用条件を定めています。本サロンにユーザー登録したユーザーはすべて本規約に従い、年齢や利用環境等の条件に応じて、本規約の定める条件に従って本サロンを利用します。

3. ユーザーが本規約に同意することにより当社との間に本契約（第2条で定義します）が成立します。

第2条（定義）

本規約において使用する以下の用語は、以下の各号に定める意味を有します。

(1)「本契約」：本規約を契約条件として当社およびユーザーとの間で締結される、本サロンの利用契約を指します。

(2)「ユーザー」：本サロンのユーザー登録をしているすべての方を指します。

(3)「ユーザー情報」：本サロンに登録したユーザーの個人情報等（著者注：各サロンにおけるユーザーの登録情報を記載してください）を指します。

第3条（ユーザー登録）

1. 本サロンのユーザーになろうとする方は、本規約の内容に同意のうえ、当社が定める手続によりユーザー登録を行います。

　未成年、成年被後見人、被保佐人および被補助人は、法定代理
　人によって設定および入力されていないもしくは法定代理人の
　事前の同意を得ていなかった場合は、ユーザー登録ができない
　ものとします。

2.　ユーザーは、前項に基づき登録した情報に変更が発生した場
　　合、直ちに、登録情報の変更手続を行う義務を負います。

3.　当社は、当社の裁量により、ユーザー登録を拒否する場合が
　　あります。

4.　ユーザーは、本サロンの利用資格を第三者に対して利用、貸与、
　　譲渡、売買または質入等をすることはできません。

第4条（本サロンの利用）

　ユーザーが本サロンでの施術を希望する場合、当社が設定する利
用プランの中から希望するプランを選択し、当社との間で利用契
約を締結します。ただし、本契約のほか、別途契約を締結するこ
ともありますので、その際は本サロンからご説明いたします。

第5条（代金の支払い）

1.　ユーザーは、前条の利用契約の成立後、当社が定める方法に
　　従って利用代金を支払います。なお、支払いに係る手数料はユー
　　ザーの負担とします。

2.　代金の支払い時期とユーザーによる本サロン利用開始時期に
　　ついては、ユーザーと当社との間で締結する利用契約の通りと
　　します。

第6条（知的財産権等）

1.　ユーザーが本サロンが運営するウェブサイト上において投稿
　　等を行った場合、著作物性の有無を問わず、掲載内容の一部ま
　　たは全部に関し、発生し得るすべての著作権（著作権法第27条
　　および第28条に定める権利を含みます）について、目的を問わ
　　ず、無償かつ無制限に利用できる権利を当社に対して許諾する
　　ことについて同意します。

2．ユーザーは、方法または形態の如何を問わず、本サロンにおいて提供されるすべての情報およびコンテンツ（以下総称して「当社コンテンツ」といいます）を著作権法に定める、私的使用の範囲を超えて複製、転載、公衆送信、改変その他の利用をすることはできません。

3．当社コンテンツに関する著作権、特許権、実用新案権、商標権、意匠権その他一切の知的財産権およびこれらの権利の登録を受ける権利（以下総称して「知的財産権」といいます）は、当社または当社がライセンスを受けているライセンサーに帰属するものとし、ユーザーには帰属しません。また、ユーザーは、知的財産権の存否にかかわらず、当社コンテンツについて、複製、配布、転載、転送、公衆送信、改変、翻案その他の二次利用等を行ってはなりません。

4．ユーザーが本条の規定に違反して問題が発生した場合、ユーザーは、自己の費用と責任において当該問題を解決するとともに、当社に何らの不利益、負担または損害を与えないよう適切な措置を講じなければなりません。

5．ユーザーは、著作物となり得る掲載内容の一部について、当社ならびに当社より正当に権利を取得した第三者および当該第三者から権利を承継した者に対し、著作者人格権（公表権、氏名表示権および同一性保持権を含みます）を行使しません。

第7条（禁止事項）

1．当社は、ユーザーによる本サロンの利用に際して、以下の各号に定める行為を禁止します。

（1）本規約に違反する行為

（2）当社、当社がライセンスを受けているライセンサーその他第三者の知的財産権、特許権、実用新案権、意匠権、商標権、著作権、肖像権等の財産的または人格的な権利を侵害する行為またはこれらを侵害するおそれのある行為

（3）当社または第三者に不利益もしくは損害を与える行為また

はそのおそれのある行為

（4）不当に他人の名誉や権利、信用を傷つける行為またはその
　　おそれのある行為

（5）法令または条例等に違反する行為

（6）公序良俗に反する行為もしくはそのおそれのある行為また
　　は公序良俗に反するおそれのある情報を他のユーザーまたは
　　第三者に提供する行為

（7）犯罪行為、犯罪行為に結びつく行為もしくはこれを助長す
　　る行為またはそのおそれのある行為

（8）事実に反する情報または事実に反するおそれのある情報を
　　提供する行為

（9）当社のシステムへの不正アクセス、それに伴うプログラム
　　コードの改ざん、位置情報を故意に虚偽、通信機器の仕様そ
　　の他アプリケーションを利用してのチート行為、コンピュー
　　ターウィルスの頒布その他本サロンの正常な運営を妨げる行
　　為またはそのおそれのある行為

（10）マクロおよび操作を自動化する機能やツール等を使用する
　　行為

（11）本サロンの信用を損なう行為またはそのおそれのある行為

（12）青少年の心身およびその健全な育成に悪影響を及ぼすおそ
　　れのある行為

（13）他のユーザーの利用資格の使用その他の方法により、第三
　　者になりすまして本サロンを利用する行為

（14）詐欺、規制薬物の濫用、預貯金口座および携帯電話の違法
　　な売買等の犯罪に結びつくまたは結びつくおそれのある行為

（15）犯罪収益に関する行為、テロ資金供与に関する行為または
　　その疑いがある行為

（16）その他当社が不適当と判断する行為

2．当社は、ユーザーの行為が、第1項各号のいずれかに該当す
　ると判断した場合、事前に通知することなく、以下の各号のい

ずれかまたはすべての措置を講じることができます。

（1）本サロンの利用制限

（2）本契約の解除による退会処分

（3）その他当社が必要と合理的に判断する行為

第8条（解除）

1. 当社は、ユーザーが以下の各号のいずれかに該当した場合、何らの通知等を要することなく、本契約を解除し、退会させることができます。

（1）登録情報に虚偽の情報が含まれている場合

（2）過去に当社から退会処分を受けていた場合

（3）ユーザーの相続人等からユーザーが死亡した旨の連絡があった場合または当社がユーザーの死亡の事実を確認できた場合

（4）未成年が法定代理人の同意なく、本サロンを利用した場合

（5）成年被後見人、被保佐人または被補助人が、成年後見人、保佐人または補助人等の同意なく、本サロンを利用した場合

（6）当社からの要請に対し誠実に対応しない場合

（7）その他当社が不適当と判断した場合

2. 前項各号に定める場合のほか、当社は、ユーザーに対して30日前までに事前に通知することにより、本契約を解除し、退会させることができます。また、ユーザーが退会を希望する場合、当社が定める退会手続により、当月末日をもって本契約を解除し、退会することができます。

3. 第1項および第2項の措置により退会したユーザーは、退会時に期限の利益を喪失し、直ちに、当社に対し負担するすべての債務を履行します。

第9条（非保証・免責）

1. ユーザーが登録情報の変更を行わなかったことにより損害を被った場合でも、当社は一切の責任を負いません。

2. ユーザーは、法令の範囲内で本サロンをご利用ください。本

サロンの利用に関連してユーザーが日本または外国の法令に触れた場合でも、当社は一切の責任を負いません。

3．予期しない不正アクセス等の行為によって当社のシステム内に存在するユーザー情報を盗取された場合でも、それによって生じるユーザーの損害等に対して、当社は一切の責任を負いません。

4．当社は、天災、地変、火災、ストライキ、通商停止、戦争、内乱、感染症の流行その他の不可抗力により本契約の全部または一部に不履行が発生した場合、一切の責任を負いません。

5．本サロンの利用に関し、ユーザーが他のユーザーとの間でトラブル（本サロン内外を問いません）になった場合でも、当社は一切の責任を負わず、これらのトラブルは、当該ユーザーが自らの費用と負担において解決します。

第10条（損害賠償責任）

1．ユーザーは、本規約の違反または本サロンの利用に関連して当社に損害を与えた場合、当社に発生した損害（逸失利益および弁護士費用を含みます）を賠償します。

2．次項を除く本規約の他の定めにかかわらず、当社は、当社の帰責事由によりユーザーに損害を与えた場合、次の各号に定める範囲でのみその損害を賠償する責任を負います。

（1）当社の故意または重過失による場合：当該損害の全額

（2）当社の軽過失による場合：現実かつ直接に発生した通常の損害（特別損害、逸失利益、間接損害および弁護士費用を除く）の範囲内とし、かつ1万円を上限とする

第11条（秘密保持）

1．ユーザーは、本サロンの利用に関して、当社から開示された秘密情報を第三者に開示または漏洩してはなりません。なお、秘密情報とは、文書、電磁的データ、口頭その他形式の如何を問わず、または秘密の表示もしくは明示またはその範囲の特定

の有無にかかわらず、本サロンの利用に関して開示された相手
方の技術上、営業上または経営上の情報をいいます。

2．次の各号の情報は、秘密情報に該当しないものとします。

（1）開示を受けた時、既に所有していた情報

（2）開示を受けた時、既に公知であった情報またはその後自己
の責に帰さない事由により公知となった情報

（3）開示を受けた後に、第三者から合法的に取得した情報

（4）開示された秘密情報によらず独自に開発または創作した
情報

（5）法令の定めまたは裁判所の命令に基づき開示を要請された
情報

3．ユーザーは、本サロンの利用終了、本契約の解約その他の事
由により本契約が終了した場合、当社の指示に従い秘密情報を
速やかに返還または廃棄します。なお、廃棄にあたっては、秘
密情報を再利用できない方法をとるものとします。

第12条（反社会的勢力の排除）

1．ユーザーは、現在、暴力団、暴力団員、暴力団員でなくなっ
た時から5年を経過しない者、暴力団準構成員、暴力団関係企
業、総会屋等、社会運動等標ぼうゴロまたは特殊知能暴力集団
等、その他これらに準ずる者（以下「暴力団員等」といいます）
に該当しないこと、および次の各号のいずれにも該当しないこ
とを表明し、かつ将来にわたっても該当しないことを保証しま
す。

（1）暴力団員等が経営を支配していると認められる関係を有す
ること

（2）暴力団員等が経営に実質的に関与していると認められる関
係を有すること

（3）自己、自社もしくは第三者の不正の利益を図る目的または
第三者に損害を加える目的をもってする等、不当に暴力団員
等を利用していると認められる関係を有すること

（4）暴力団員等に対して資金等を提供し、または便宜を供与する等の関与をしていると認められる関係を有すること

（5）役員または経営に実質的に関与している者が暴力団員等と社会的に非難されるべき関係を有すること

2．ユーザーは、自らまたは第三者を利用して次の各号のいずれにも該当する行為を行わないことを確約します。

（1）暴力的な要求行為

（2）法的な責任を超えた不当な要求行為

（3）取引に関して、脅迫的な言動をし、または暴力を用いる行為

（4）風説を流布し、偽計を用いまたは威力を用いて相手方の信用を毀損し、または相手方の業務を妨害する行為

（5）その他前各号に準ずる行為

3．当社は、ユーザーが、暴力団員等もしくは第1項各号のいずれかに該当し、もしくは前項各号のいずれかに該当する行為をし、または第1項の規定にもとづく表明・保証に関して虚偽の申告をしたことが判明した場合には、自己の責に帰すべき事由の有無を問わず、ユーザーに対して何らの催告をすることなく本契約を解除することができます。

4．当社は、前項により本契約を解除した場合には、これによりユーザーに損害が生じたとしてもこれを一切賠償する責任はないことを確認し、ユーザーはこれを了承します。

第13条（連絡・通知）

本サロンの利用に関する問合せその他ユーザーから当社に対する連絡または通知、および本規約の変更に関する通知その他当社からユーザーに対する連絡または通知は、電子メールその他当社の定める方法で行います。通知は、当社からの発信によってその効力が生じます。

第14条（地位の譲渡等）

ユーザーおよび当社は、相手方の書面による事前の承諾なく、本契約上の地位または本規約に基づく権利もしくは義務の全部または一部につき、第三者に対し、譲渡、移転、担保設定、その他の処分をすることはできません。ただし、株式譲渡もしくは事業譲渡または合併、会社分割その他の組織再編についてはこの限りではありません。

第15条（個人情報の取扱い）

本サロンにおける個人情報の取扱いに関しては、当社が定める「プライバシーポリシー」に基づき取り扱います。

第16条（分離可能性）

本規約のいずれかの条項の全部または一部が無効または違法となった場合でも、当該無効または違法は、いかなる意味においても本規約の他の条項ならびにその解釈および適用に何ら影響せず、これらの適法性および有効性を損なわず、またこれらを無効にするものではありません。

第17条（本契約の有効期間）

本契約の有効期間は、本契約成立時からユーザーが退会するまでの間とします。なお、第6条（知的財産権等）、第8条（解除）第3項、第10条（損害賠償責任）、第11条（秘密保持）、第12条（反社会的勢力の排除）第3項および第4項、第14条（地位の譲渡等）、第16条（分離可能性）から第21条（その他）の規定は、本契約の終了後も有効に存続するものとします。

第18条（本規約の変更）

1.　当社は、以下の各号のいずれかに該当する場合は、民法第548条の4の規定に基づき本規約を随時変更できます。本規約が変更された後の本契約は、変更後の本規約が適用されます。

（1）本規約の変更が、ユーザーの一般の利益に適合するとき

（2）本規約の変更が、契約をした目的に反せず、かつ、変更の

　　必要性、変更後の内容の相当性およびその内容その他の変更
　　に係る事情に照らして合理的なものであるとき
　2．当社は、本規約の変更を行う場合は、変更後の本規約の効力
　　発生時期を定め、効力発生時期の2週間前までに、変更後の本
　　規約の内容および効力発生時期をユーザーに通知、本サロン上
　　への表示その他当社所定の方法によりユーザーに周知します。
　3．前二項の規定にかかわらず、前項の本規約の変更の周知後に
　　ユーザーが本サロンを利用した場合または当社所定の期間内に
　　ユーザーが解約の手続を取らなかった場合、当該ユーザーは本
　　規約の変更に同意したものとします。

第19条（準拠法）
　本規約の準拠法は、すべて日本国の法令が適用されます。

第20条（合意管轄）
　ユーザーと当社との間における一切の訴訟は、東京地方裁判所を
　第一審の専属的合意管轄裁判所とします。

第21条（その他）
　1．ユーザーは、本規約に定めのない事項について、当社が細目
　　等を別途定めた場合、これに従います。この場合、当該細目等は、
　　本規約と一体をなします。
　2．細目等は、当社所定の箇所に掲載した時点より効力を生じま
　　す。
　3．細目等と本規約の内容に矛盾抵触がある場合、本規約が優先
　　します。

附則

20○○年○月○日：制定・施行

【書式4　免責同意書（エステサロンでの免責条項）】
【契約書等とは別途（契約書等と共に）免責同意書の形をとる場合の例】（注：個人情報の同意等は含んでいない）

免 責 同 意 書

　私は、以下の各事項につき確認・同意します。

☐　当店の施術は医療行為ではないこと。治療を目的としたものではないこと。

☐　成年、未成年の別を正しく申告する（している）こと。また、未成年の場合は、契約をするにつき親権者の同意を得る（得ている）こと。

☐　自身の体調、健康状態、既往歴、肌の状態等、当店が求めたお客様の情報につき正しく申告する（している）こと。

☐　お客様の体調、肌の状態により施術を受けられないことがあること。

　　飲酒をしている場合、傷病やアレルギーがある場合、妊娠している場合等、お客様の安全のため、施術するに適当でないと当店が判断した場合、当店が施術をお断りすることがあること。

☐　施術の結果には個人差があり、必ずしも効果があることを約束するものではないこと。

☐　当店の施術に問題が認められない場合、当店は責任を負わないこと。

☐　当店の施術との因果関係が不明瞭な傷病につき、当店は責任を負わないこと。

☐　本サービスの提供にあたり当店が負担する損害賠償額は20万円を限度とすること。ただし、当店に故意または重過失がある場合を除くこと。

　以上の内容につき十分に理解し、内容確認のうえ、異議なく同意
します。

　　　　　　　　　　　　　　　　記入日　　　年　　　月　　　日

住所＿＿＿＿＿＿＿＿＿＿＿＿＿＿＿＿＿＿＿＿＿＿＿＿＿＿＿

氏名（署名）＿＿＿＿＿＿＿＿＿＿＿＿＿㊞

【未成年者の場合】

法定代理人親権者父（署名）＿＿＿＿＿＿㊞

法定代理人親権者母（署名）＿＿＿＿＿＿㊞

　　　　　　　　　　　　　　　　　　　　　　　　　　　以上

【書式5　セルフエステに関する契約書】

セルフエステに関する契約書

1 【契約の締結】

　　私（以下「お客様」といいます）は、本契約書の各条項の内容をよく確認したうえで、当サロンとの間で本契約を締結いたします。

2 【お客様が未成年者の場合】

　　お客様が未成年の場合は、お客様の親権者または未成年後見人による承諾（当サロン所定の親権者等承諾書）が必要となります。適切な親権者等承諾書が当サロンに提出された時点をもって本契約の成立とします。

3 【クレジットカードが利用できない場合】

　　お客様がクレジットカードで本契約の代金等を支払う場合において、お客様とクレジットカード会社との間の立替払契約が成立しなかった場合には、本契約は、遡って効力を失います。なお、この場合において、お客様とクレジットカード会社との立替払契約が成立しなかった理由は問いません。

4 【利用の手順】

　　当サロンでは、以下の通りの手順でお客様に当サロンを利用していただいています。

（1）申込・受付

　　当サロンを初めてご利用される場合には、本契約書の内容を理解していただき、契約締結後に当サロンをご利用いただきます。当サロンと契約していただいていない方は当サロンをご利用できません。

　　契約締結後は、所定の受付をしていただければ、当サロンをご

利用いただけます。

（2）利用時の注意

　当サロンに備えてある美容機器には、注意事項や使用手順を示した書面や動画があります。美容機器を利用する際には、事前に必ずこれらを確認し、内容を守ってご利用ください。なお、2回目以降のご利用の場合にも、注意事項や使用手順に変更がある可能性があります。注意事項や使用手順を確認できない場合には、スタッフに問合わせをしてください。

（3）利用の終了

　当サロンに備えてある美容機器を所定の位置等に戻していただき、部屋から退室してください。

5【利用上の注意】

（1）当サロンを利用していただくためには、当サロン所定の利用料金を支払う必要があります。

（2）初回、2回目以降に限らず、美容機器を利用する際には、注意事項や使用手順を示した書面や動画を確認してください。なお、注意事項や使用手順が変更となる可能性があります。

（3）体質に合わないとき、体調が悪いときや美容機器を利用している最中に体調が悪くなったときには、美容機器の利用を中止してください。

（4）美容機器の調子がおかしい、不具合がある場合には、必ずスタッフにその旨伝えてください。また、お客様の利用中に美容機器を落としてしまったり、ぶつけてしまったりした場合にも、必ずスタッフにその旨伝えてください。

（5）当サロンに設置している美容機器は、別紙の通りですが、他の方の利用、美容機器の故障や入れ替え等によって、ご希望の美容機器を利用できない場合もありますので、予めご了承ください。

6【利用料金】

　利用料金は、以下の通りです。

　　○○コース　　　　　　　　円

　　○○　　　　　　　　　　　円

　　・・・・・　　　　　　　円

7【責任を負えない場合】

　以下の場合には、当サロンは、お客様に対して賠償責任を負いません。

（1）美容機器の注意事項や使用手順と異なる方法によって美容機器を利用した場合におけるお客様の損害

（2）お客様の持ち物の破損や紛失によるお客様の損害

（3）お客様同士、または、お客様と第三者との間のトラブルによって生じたお客様の損害

8【損害賠償責任を負ってもらう場合】

　お客様の故意または過失により、当サロンの美容機器が破損・故障するなど当サロンが損害を被った場合は、お客様は、当サロンの損害を賠償する義務があります。また、お客様が美容機器の破損・故障を確認していたにもかかわらず、そのことを当サロンのスタッフに伝えなかったために発生した他のお客様の損害についても同様といたします。

9【反社会的勢力の排除】

　お客様は、次の各号にいずれも該当しないことを表明し、かつ、将来にわたっても該当しないことを確約します。

（1）暴力団、暴力団員、暴力団員でなくなったときから5年を経過しない者、暴力団準構成員、暴力団関係企業、総会屋等、社会運動等標ぼうゴロまたは特殊知能暴力集団等、その他これらに準ずる者（以下「暴力団員等」という）

（2）自己もしくは第三者の不正の利益を図る目的または第三者に

損害を加える目的をもってするなど、不当に暴力団員等を利用
　しているとと認められる関係を有すること
（3）暴力団員等に対して資金等を提供し、または便宜を供与する
　などの関与をしていると認められる関係を有すること

10【反社会的勢力の排除】
　　お客様は、自らまたは第三者を利用して次の各号の一にでも該
　当する行為を行わないことを確約します。
（1）暴力的な要求行為
（2）法的な責任を超えた不当な要求行為
（3）取引に関して、脅迫的な言動をし、または暴力を用いる行為
（4）風説を流布し、偽計を用いまたは威力を用いて、相手方の信
　　用を毀損し、または相手方の業務を妨害する行為
（5）その他前各号に準ずる行為

11【契約期間】
　　お客様と当サロンとの本契約の契約期間は、契約日から1年間
　とします。契約終了日の1か月前までに、お客様または当サロン
　のいずれかから本契約を終了させる旨の連絡がない限り、本契約
　は、同一条件で1年間、延長されます。

12【中途解約】
　　本契約期間中に、お客様から本契約を解約する旨の連絡が当サ
　ロンにあった場合、当該連絡が当サロンに届いた日から1か月後
　に本契約は解除され、終了します。

13【利用の中止】
　　お客様が第9項または第10項の各号に該当した場合、本契約は
　解除とさせていただき、当サロンの利用をお断りさせていただき
　ます。その場合において、お客様に損害が生じたとしても、当サ
　ロンは一切、お客様の損害を賠償いたしません。

14【協議事項】

　本契約に定めのない事項または本契約の解釈に疑義のある場合には、お客様と当サロンは、その協議によって解決するよう努めます。

以上

年　　月　　日

お客様		会社名	
氏　名	㊞	代表者氏名	㊞
住　所		所在地	
電話番号		電話番号	

【書式6　フランチャイズ契約書】

フランチャイズ契約書

　○○株式会社（以下「甲」という）をフランチャイザーとし、△△（以下「乙」という）をフランチャイジーとして、甲乙は、以下の通り、フランチャイズ契約を締結する。

第1条【契約の目的】
　　甲は、乙に対し、以下に定める規定に従い、甲が指定する□□□□という名称でエステサロンを営む権利を与える。

第2条【商号、商標等の利用】
　　甲は、乙に対し、甲が定めた商号、商標（サービスマークを含む）、ノウハウ等を使用することを許諾する。ただし、甲が定めた方法以外の使用方法で商号、商標等を使用する場合には、事前に甲の書面による承諾を要する。

第3条【テリトリー】
　　甲は、乙のフランチャイズの営業のための地域（テリトリー）を○○△△と定める。甲は、乙のために、○○△△の地域では、乙以外のフランチャイジーに営業の許可をしない。

第4条【広告等の統一】
　1　乙は、エステサロンの広告をするにあたり、甲の指示に従い、統一した宣伝広告を行う。甲が宣伝広告の一環として、キャンペーンを行う場合、乙はその指示を受け入れる。
　2　乙は、事前に甲による書面の承諾なくして、乙独自にエステサロンの宣伝広告を行ってはならない。
　3　甲が行う宣伝広告の費用については、乙は、別途定める費用を負担する。

第5条【内装、商品サービス等の統一】
　1　乙は、甲の指示に従い、店舗の内外装、エステのサービス内容、

従業員のユニフォーム等を統一する。

2　乙は、エステのサービスに利用する化粧品、マッサージオイル、美容機器等を甲から仕入れることとする。

第6条【開業指導・経営指導】

1　甲は、乙がエステサロンを開業するにあたって、以下の開業指導を行う。

（1）立地条件の選定

（2）・・・

（3）・・・

2　甲は、乙がエステサロンを開業した後も、○か月に1回、以下の経営指導を行う。

（1）エステサービスの改善のための指導

（2）・・・

（3）・・・

3　乙は、甲が定期的に実施するエステに関する研修に参加しなければならない。

第7条【加盟金】

乙は、エステサロンを開業させた日の翌月末日限り、甲に対し、フランチャイズ加盟金として金○○○万円を支払わなければならない。

第8条【ロイヤリティー】

乙は、甲に対し、エステサロンを開業した後、毎月10日限り、前月分の売上の○○％をロイヤリティーとして支払わなければならない。

第9条【権利の譲渡禁止】

乙は、事前に甲の書面による承諾を受けた場合でなければ、本契約に基づく一切の権利義務を第三者に譲渡してはならない。

第10条【秘密保持】

乙は、本契約期間中または契約期間後においても、本契約に基

づいて知ったノウハウ、経営指導内容、研修内容等を第三者に開示・漏洩してはならない。

第11条【契約の有効期間】

　本契約の有効期間は、〇〇年〇〇月〇〇日から１年間とする。ただし、契約期間満了の〇か月前までに、当事者の一方または双方から書面による契約終了の申出がない限り、自動的に１年間契約が延長されるものとし、その後も同様とする。

第12条【反社会的勢力の排除①】

　乙は、乙または乙の代理人が次の各号のいずれも該当しないことを表明し、かつ、将来にわっても該当しないことを確約する。

（１）暴力団、暴力団員、暴力団員でなくなったときから５年を経過しない者、暴力団準構成員、暴力団関係企業、総会屋等、社会運動等標ぼうゴロまたは特殊知能暴力集団等、その他これらに準ずる者（以下「暴力団員等」という）

（２）自己もしくは第三者の不正の利益を図る目的または第三者に損害を加える目的をもってするなど、不当に暴力団員等を利用していると認められる関係を有すること

（３）暴力団員等に対して資金等を提供し、または便宜を供与するなどの関与をしていると認められる関係を有すること

第13条【反社会的勢力の排除②】

　乙は、自らまたは第三者を利用して次の各号の一にでも該当する行為を行わないことを確約する。

（１）暴力的な要求行為

（２）法的な責任を超えた不当な要求行為

（３）取引に関して、脅迫的な言動をし、または暴力を用いる行為

（４）風説を流布し、偽計を用いまたは威力を用いて、相手方の信用を毀損し、または相手方の業務を妨害する行為

（５）その他前各号に準ずる行為

第14条【契約の解除】

　　乙に、次の各号のいずれかに該当する事由が生じた場合、甲は、本契約を解除することができる。ただし、解除にあたっては、予め相当の期間を定めて催告したうえで解除の通知を行うものとする。

（1）本契約上の各条項に違反したとき

（2）第三者から差押え、仮差押え、租税滞納処分、破産手続開始、民事再生手続、会社更生手続開始または競売の申立てを受け、または自ら破産手続、会社整理、民事再生手続、会社更生手続の開始を申し立てたとき

（3）手形交換所において不渡処分を受けたとき

（4）甲の指導する経営方針に従わないとき

（5）甲の信用を著しく損なう行為をしたとき

（6）第12条または第13条に該当する事由が発覚したとき

（7）その他甲が前各号に準じると判断したとき

第15条【契約終了後の措置】

　1　本契約が理由の如何を問わず終了した時点において、乙が甲に債務を負っている場合、当該債務の弁済期が到来しないものについても、乙は期限の利益を失い、直ちに弁済しなければならない。

　2　本契約が理由の如何を問わず終了した場合、乙は、直ちに甲から使用を許諾された商号、商標、その他の標章の使用を停止し、乙の店舗、甲板、商号等からこれらを除かなければならない。また、乙は、甲から貸与されたマニュアルその他の資料を直ちに返還しなければならない。

第16条【合意管轄】

　　本契約ならびに本契約に基づき締結される諸契約（細則を含む）に関する訴訟については、フランチャイザーの本社所在地を管轄する地方裁判所をもって第一審の専属的合意管轄裁判所とすることに合意する。

第17条【協議事項】

　本契約に定めのない事項または本契約の解釈に疑義のある場合には、甲および乙は、その協議によって解決するよう努める。

以上

年　　月　　日

甲　　　　　　　　　　　㊞

乙　　　　　　　　　　　㊞

【書式7　特定商取引法に基づく表記】

特定商取引法に基づく表記

特定商取引法第11条に基づき、以下の通り記載します。

特定商取引法に基づく表記	
販売事業者名	株式会社○○○○
責任者	代表取締役　○○ ○○
所在地	〒○○○-○○○○ ○○○○○○
電話番号	○○○○-○○○-○○○
メールアドレス	○○○○@○○○○.com
お問合せ	お問合せは上記メールアドレスまたは以下「お問合せフォーム」よりお気軽にお問い合わせください。 ○○
サイトURL	○○
販売価格	商品ごとに記載しております。
商品代金以外の必要料金	・消費税 ・送料 ・支払手数料 ・キャンセル料は商品価格の○% 詳細は「お支払いについて」のページでご確認ください。
支払方法、支払手数料、支払時期	・クレジットカード決済（対応カード会社名） 　手数料：○円 　支払時期：○○ ・コンビニエンスストア店頭決済（対応コンビニエンスストア名） 　手数料：○円 　支払時期：○○ ・代金引換 　手数料：○円 　支払時期：○○ <div align="right">等</div>
商品引き渡し方法	ご注文完了後、運送会社による配送となります。 運送会社：○○株式会社
送　　料	送料は、全国一律○円です。

引き渡し時期	商品のお届けは、ご注文完了後、〇日前後で発送いたします。 ただし、予約商品、発送日の指定がある商品は、商品ページに記載されている発送時期をご確認ください。 　　　　　　　　　　　　　　　　　　　　　　　　　　等
返品・不良品について	「不良品・当社の商品の間違い」の場合は当社が負担いたします。 配送途中の破損などの事故がございましたら、弊社までご連絡ください。 送料・手数料ともに弊社負担でご連絡から〇日以内に新品をご送付いたします。 【返品対象】 「不良品・当社の商品の間違い」の場合 【返品時期】 ご購入後〇日以内にご連絡があった場合に返金可能となります。 【返品方法】 カスタマーセンターへご連絡いただくか、返品受付フォームでご連絡ください。 カスタマーセンター：〇〇 返品受付フォーム：〇〇
商品に関する注意書き	〇〇

【書式8　個人情報に関する取扱い同意書】

個人情報に関する取扱い同意書

エステサロン〇〇〇〇御中

　私は、貴サロンが提供するサービスの利用にあたり、以下の内容を理解し、同意いたします。

１．個人情報の取得の目的について

　貴サロンは、以下の目的のために私の個人情報（氏名、住所、電話番号、メールアドレス、生年月日、肌や健康に関する情報等）を取得いたします。

　　１．サロンのサービス提供および運営

　　２．予約管理およびサービスに関するご案内

　　３．アフターケアおよびフォローアップ

　　４．サロンの新サービスやキャンペーンのお知らせ

　　５．商品の郵送

　　６．お客様とのトラブル発生時の交渉、調整、損害賠償

２．個人情報の利用について

　貴サロンは、取得した個人情報を上記１の目的の範囲内で利用いたします。また、以下の場合を除き、第三者に提供いたしません。

　　１．法令に基づく場合

　　２．利用者の同意がある場合

　　３．利用目的の達成に必要な範囲で業務委託先に提供する場合

３．個人情報の管理について

　貴サロンは、個人情報を適切に管理し、漏洩、紛失、改ざん等の防止に努めます。また、個人情報の取扱いに関する問合せ、開示、

訂正、削除のご希望に対しては、速やかに対応いたします。

４．個人情報の保管期間について

　貴サロンは、個人情報を利用目的の達成に必要な期間保管いたします。その後、適切な方法で廃棄いたします。

５．個人情報に関する問合せについて

　私は、個人情報に関する問合せは、以下の窓口まで連絡をし、行うこととします。

【連絡先】

エステサロン○○○○

個人情報保護管理担当

電話番号：○○○-○○○-○○○○

メールアドレス：privacy@xxxxxx.com

_____

日付：＿＿＿＿＿＿＿＿＿＿＿＿＿

署名：＿＿＿＿＿＿＿＿＿＿＿＿＿

【書式9　業務委託契約書】

業務委託契約書

この契約書は、以下の条件に基づき、株式会社［サロン名］（以下「甲」という）と［受託者名］（以下「乙」という）との間で締結されるものとする。

第1条（業務内容）
　1．甲は乙に対し、エステティックサービス（以下「本業務」という）を委託し、乙はこれを引き受けるものとする。
　2．本業務の具体的内容は以下の通りとする。
　　・フェイシャルトリートメント
　　・ボディトリートメント
　　・その他上記に付随する一切の行為

第2条（契約期間）
　1．本契約の有効期間は、○年○月○日から○年○月○日までの○【か月／年】とする。
　2．契約期間終了の○か月前までに甲または乙からの書面またはメール等の電磁的方法による解約の通知がない場合、本契約は同一条件で自動更新されるものとする。

第3条（報酬）
　1．甲は乙に対し、本業務の遂行に対する報酬を、以下の条件に基づき支払うものとする。
　　①基本報酬：月額 ○○ 円
　　②歩合報酬：乙の担当した顧客の売上の○％
　2．報酬は、当月○日締、翌月○日に乙が別途指定する口座に振込にて支払うものとする。なお、振込手数料は甲の負担とする。

第4条（業務遂行場所および時間）

1．乙は、甲の別途指定するエステサロンの店舗において本業務を遂行するものとする。

2．甲は、乙が業務遂行に必要な機材および消耗品を提供することとする。

3．甲は、乙に対し、毎月〇日までに翌月の勤務予定について、書面またはメール等の電磁的方法により伝えるものとし、乙は異議がある場合速やかに甲に申し出るものとする。

第5条（秘密保持）

1．乙は、本業務遂行中に知り得た甲の業務上の秘密を第三者に漏洩してはならない。

2．本条の規定は、本契約終了後も有効とする。

第6条（契約解除）

甲または乙は、相手方が本契約または法令等に違反する行為を行った場合、相手方に対し書面またはメール等の電磁的方法による通知をもって直ちに本契約を解除することができる。

第7条（損害賠償）

乙が本業務遂行中に乙の責めに帰すべき事由により甲に損害を与えた場合、乙はその損害を賠償する責任を負うものとする。

第8条（協議事項）

本契約に定めのない事項または本契約の解釈について疑義が生じた場合、甲および乙は誠意をもって協議のうえ解決するものとする。

第9条（管轄裁判所）

本契約に関する紛争については、被告の所在地を管轄する裁判所を第一審の専属的合意管轄裁判所とする。

以上の証として、本契約書2通を作成し、甲乙署名押印のうえ、各

自1通を保有する。

甲（エステサロン運営会社）

本店所在地：○○

会社名：○○

代表者名／氏名：○○　　　　　　　　印

乙（受託者）

住所：○○

氏名：○○　　　　　　　　　　　　　印

<著者略歴>

阿部 栄一郎

東京弁護士会所属

弁護士

Abe Eiichiro

平成22年より弁護士法人丸の内ソレイユ法律事務所入所、現在に至る。同事務所企業法務分野の弁護士リーダー。

顧問弁護士を務める企業に対し、さまざまなリーガルサービスを提供している。

近年は健康・美容業界の企業様向けの関連法規セミナーを多数実施しているほか、新聞・雑誌・Webメディアからの取材も多く、関連法令に対する解説なども行う。

古谷 祐介

東京弁護士会所属

弁護士

Furuya Yusuke

平成19年12月に都内の法律事務所にて弁護士としての執務を開始したのち、令和2年12月に当事務所に参画。ヘルス＆ビューティーチームとして顧問業務のほか、契約書のレビュー、法人の倒産案件、労働案件（使用者側）、不動産案件、契約トラブル、債権回収に携わる。

小池 章太

東京弁護士会所属

弁護士

Koike Shota

平成27年　東証一部上場企業　入社　令和4年5月弁護士法人丸の内ソレイユ法律事務所入所。薬剤師、さらに大手調剤薬局の企業内弁護士としてM&AやDX推進に携わってきた経験・資格を生かし、その分野に精通した的確なアドバイスが特長。皆様が悩む薬機法に関連する新規事業立ち上げや各種申請、ECサイトでの広告規制についてなど、幅広い専門性を持つ。

福永 敬亮

東京弁護士会所属

弁護士

Fukunaga Keisuke

平成25年4月、神奈川県庁へ入庁。神奈川県庁にて環境行政や税務行政に従事した後、弁護士となり、令和元年より弁護士法人丸の内ソレイユ法律事務所入所、現在に至る。ヘルス＆ビューティーチームとして顧問弁護士を務める企業に対するリーガルサービスを行うほか、離婚や相続等の家事事件や、刑事事件も担当している。

柳澤 里衣

東京弁護士会所属

弁護士

Yanagisawa Rie

平成30年12月より弁護士法人丸の内ソレイユ法律事務所入所、現在に至る。ヘルス＆ビューティーチームとして企業法務相談に数多く対応し、顧問弁護士を務める企業に対するリーガルサービスを行うほか、離婚や相続等の家事事件も担当している。

梶ヶ谷 静

東京弁護士会所属

弁護士

Kajigaya Shizuka

大学を卒業後、企業法務系法律事務所においてパラリーガルとして勤務したのち、大学院進学を経て弁護士となる。ヘルス＆ビューティーチームとして企業法務相談に数多く対応し、顧問弁護士を務める企業に対するリーガルサービスを行うほか、離婚や相続等の家事事件も担当している。

エステサロンのための
法的知識・トラブル対応 Q&A

令和 7 年 2 月 10 日　初版発行

 日本法令®

〒 101-0032
東京都千代田区岩本町 1 丁目 2 番 19 号
https://www.horei.co.jp/

検印省略

著　者	阿　部　栄一郎
	古　谷　祐　介
	小　池　章　太
	福　永　敬　亮
	柳　澤　里　衣
	梶ヶ谷　　　静
発行者	青　木　鉱　太
編集者	岩　倉　春　光
印刷所	丸　井　工　文　社
製本所	国　　宝　　社

（営　業）	TEL　03-6858-6967	E メール	syuppan@horei.co.jp
（通　販）	TEL　03-6858-6966	E メール	book.order@horei.co.jp
（編　集）	FAX　03-6858-6957	E メール	tankoubon@horei.co.jp

（オンラインショップ）　https://www.horei.co.jp/iec/
（お詫びと訂正）　https://www.horei.co.jp/book/owabi.shtml
（書籍の追加情報）　https://www.horei.co.jp/book/osirasebook.shtml

※万一、本書の内容に誤記等が判明した場合には、上記「お詫びと訂正」に最新情報を
　掲載しております。ホームページに掲載されていない内容につきましては、FAX また
　は E メールで編集までお問合せください。